Bibliografische Information der Deutschen Bibliothek
Die Deutsche Bibliothek verzeichnet diese
Publikation in der Deutschen Nationalbibliografie;
detaillierte bibliografische Daten sind im Internet
über http://dnb.ddb.de abrufbar.

Das Wort DUDEN ist für den Verlag
Bibliographisches Institut & F.A. Brockhaus AG
als Marke geschützt.

Lektorat: Anja Fischer, Katharina Georgi, Caroline Lerch, Katja Schüler
Herstellung: Annette Aatz, Verona Meiling
Druck und Bindearbeit: G. Canale & C. S.p.A., Borgaro
ISBN 10: 3-411-05454-9
ISBN 13: 978-3-411-05454-1

DK

Idee und Entwicklung: Dorling Kindersley
Originaltitel: **My first dictionary**

Fotografiert von Steve Gorton, Andy Crawford, Tim Ridley
Illustrationen von Jonathan Langley

Dank an folgende Fotografen und Agenturen
Aquila/A. Cooper (Hirsch), Bruce Coleman Ltd/E. & P. Bauer (Truthahn),
FLPA/E. & D. Hosking (Koala), M. Freeman (Baumwolle), L. Lee Rue (Nilpferd),
Oxford Scientific Films/J.A.L. Cooke (Stechmücke), K. Tanaka/WWF (Panda),
NHPA/O. Rogge (Esel), Survival Anglia/M. Day (Giraffe),
Reinhard-Tierfoto/Eiterbach (Habicht, Spatz), Bjarne Geiges/Interfoto (Geld).

Zusätzliche Fotografien für die deutsche Ausgabe: Simon Battersby, Jon Boucher,
Paul Bricknell, The British Museum, Jane Burton, Peter Chadwick, Gordon Clayton,
Antony Cooper, Geoff Dann, Philip Dowell, Michael Dunning, Andreas Einsiedel,
Jo Foord, Philip Gatward, Paul Goff, Frank Greenaway, Stephen Hayward,
Chas Howson, Colin Keates, Dave King, Bob Langrish, Cyril Laubscher, Ray Moller,
David Murray, Stephen Oliver, Daniel Pangbourne, Roger Philips, Susanna Price,
Karl Shone, Steve Shott, Clive Streeter, Kim Taylor, Mathew Ward,
Paul Williams, Jerry Young.

Zusätzliche Grafiken für die deutsche Ausgabe: Karin Lechler, Julie Carpenter (Sonne),
Nicholas Hewetson (Zirkus), Günter Biste und Peter Freitag (Wrack).

Wir danken BSH Bosch und Siemens Haushaltsgeräte GmbH (Staubsauger),
DaimlerChrysler AG (Taxi), Olivetti Lexikon Deutschland GmbH (Schreibmaschine),
Siemens AG (Ampel), Sony Deutschland GmbH (Radio),
System Strobel (Rettungswagen) und Bernd Wagenfeld (Eisenbahn)
für die Bereitstellung von Bildmaterial.

Inhalt

Vorwort

„Was ist das?“ – Diese Frage stellen besonders Kinder im Grundschulalter unermüdlich, denn sie stehen einer Welt von Wörtern gegenüber, die sie zunächst nur schwer überblicken können. Sie müssen Vertrautes im Bild wieder erkennen, aber auch neue Informationen über die Sprache erfassen. Und sie müssen die Dinge nicht nur benennen, sondern auch erklären können.

Diesen Übergang erleichtert „Mein erstes Lexikon“ behutsam und spielerisch durch die konsequente Text-Bild-Zuordnung. Vorschulkinder schauen die Bilder an und machen sich mit den Buchstaben des Alphabets vertraut, während die Älteren schon selbstständig die Texte lesen. Eindeutige Bilder helfen ein gesuchtes Wort zu finden – und erwecken außerdem immer wieder neues Interesse an weiteren Wortentdeckungen. Die Begriffe gehören zum Stoff der Grundschule und sind in einfachen Zusammenhängen erklärt.

Durch die Kopfleiste mit den farbig markierten Buchstaben weiß das Kind stets, an welcher Stelle im Alphabet es sich gerade befindet. Die Begriffe sind zudem in senkrechten Spalten angeordnet, sodass Kinder die alphabetische Reihenfolge gut nachvollziehen und sich merken können.

Die Auflistung zusätzlicher Begriffe in der anschließenden Wörterliste bietet Kinder die Möglichkeit mit Querverweisen vertraut zu werden und so Reise durchs Lexikon anzutreten. Anregungen und Routenvorschläge für dies Reisen liefern auch die lustigen und fantasievollen Spiele im Schlussteil des Lexikons, die allein oder zu mehreren gespielt werden können.

Wortschatz und Wissenshorizont werden durch diesen spielerischen Umgang mit „Mein erstes Lexikon“ mühelos erweitert. Zunächst helfen Eltern und Erzieher, aber schon bald wird das Kind bei seinen Entdeckungsreisen immer selbstständiger und holt sich schließlich allein die Antwort auf die Frage „Was ist das?“!

A

Aa *Aa* Aa *Aa*

der Aal

Aale sind Fische mit schlangenförmigem Körper. Sie haben eine schleimige Haut und werden bis zu 150 cm lang. Aale leben in Flüssen, Seen und Meeren.

das Abendessen

Das **Abendessen** ist die letzte Mahlzeit des Tages.

der Abfall

Abfall ist alles, wofür man keine Verwendung mehr hat. Wer sich umweltfreundlich verhält, hilft Abfall zu vermeiden.

acht

Die **Acht** ist die Zahl nach der Sieben und vor der Neun.

der Adler

Adler gehören mit einer Flügelspannweite bis zu zwei Metern zu den größten Greifvögeln. Es gibt über 30 Arten, zum Beispiel den Fischadler und den Steinadler. Sie jagen kleine Säugetiere, Vögel oder Fische. In Europa sind die Adler vom Aussterben bedroht.

die Adresse

Die **Adresse** auf dem Brief oder dem Paket gibt an, in welcher Straße und in welchem Ort ein Mensch wohnt.

der Affe

Affen sind Säugetiere und benutzen ihre Hände und Füße sehr geschickt. Es gibt etwa 400 verschiedene Arten. Die meisten leben in den Wäldern Afrikas, Asiens und Südamerikas.

das Alphabet

abcdefg
абвгдеж

Das **Alphabet** enthält alle Buchstaben einer Sprache. Unser Alphabet hat 26 Buchstaben. Mit ihnen können wir Wörter bilden und aufschreiben. Manche Fremdsprachen verwenden ein anderes Alphabet, zum Beispiel hat die russische Sprache das kyrillische Alphabet.

alt

Alt ist das Gegenteil von neu. Alte Dinge sehen manchmal nicht mehr schön aus, aber man kann sie trotzdem mögen.

die Ameise

Ameisen sind Insekten und leben in Staaten zusammen. Die Arbeiterinnen bauen die Nester und kümmern sich um die Nahrung. Die Königinnen und die Männchen sorgen für die Fortpflanzung. Es gibt fast 10 000 Ameisenarten.

die Ampel

Die **Ampel** ist eine Lichtanlage, die den Straßenverkehr regeln hilft. Oft stehen Ampeln an Straßenkreuzungen. Bei Rot muss man stehen bleiben. Gelb heißt „bereit machen“. Bei Grün ist der Weg frei.

die Ananas

Die **Ananas** ist eine große Frucht. Sie wird in tropischen Ländern angebaut und wächst in Stauden. Ihr Fleisch schmeckt süß und ist saftig und gesund.

der Anker

Ein **Anker** ist ein großer Haken aus Metall, der mit einer langen Kette am Schiff befestigt ist. Er gräbt sich durch sein Gewicht in den Meeresboden. So wird das Schiff nicht weggetrieben.

anziehen

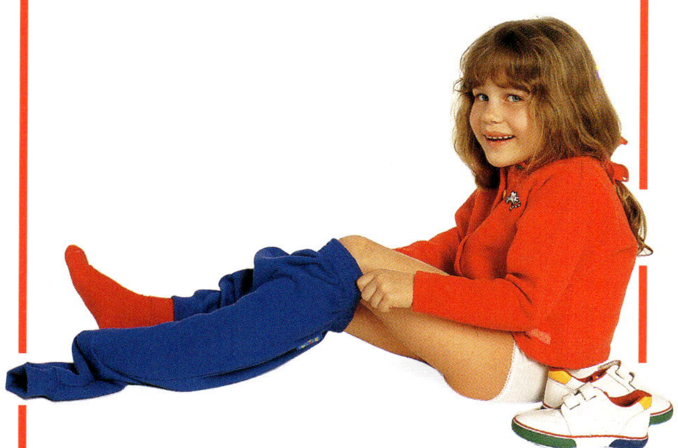

Du kannst Kleider und Schuhe **anziehen,** doch eine Mütze setzt du auf.

der Apfel

Der **Apfel** ist eine Frucht und wächst am Baum. Äpfel gehören zum Kernobst, in der Frucht ist das Kerngehäuse mit den Samen. Aus Äpfeln kann man Saft, Gelee und Kompott machen.

die Apfelsine

Die **Apfelsine** ist eine süße, saftige Zitrusfrucht. Sie wächst in südlichen Ländern. Ihr Saft ist ein beliebtes Getränk.

das Aquarium

Ein **Aquarium** ist ein Wasserbehälter aus Glas, in dem man zu Hause Fische und andere Wassertiere halten kann. Mit Wasserpflanzen gestaltet man eine Unterwasserlandschaft.

der Äquator

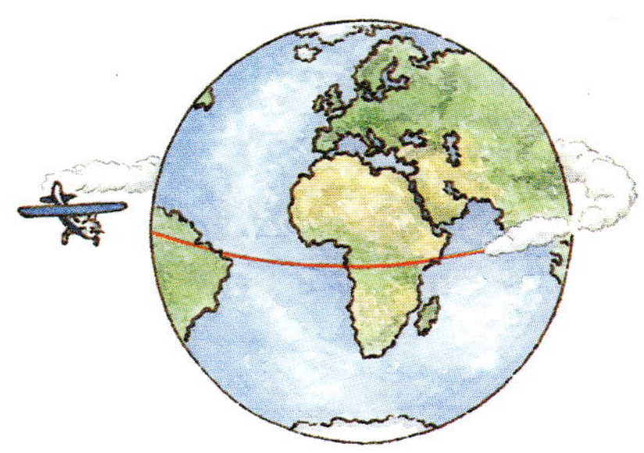

Der **Äquator** ist eine gedachte Linie rund um die Mitte der Erde.

der Arm

Der **Arm** ist ein Körperteil. Er fängt an der Schulter an und hört bei der Hand auf.

die Ärztin

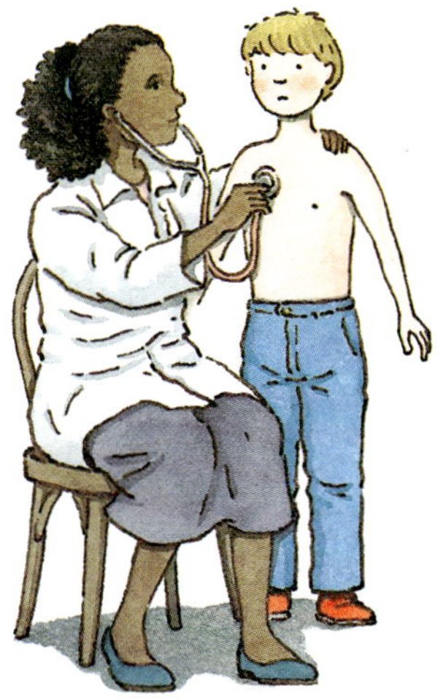

Ärzte helfen kranken oder auch verletzten Menschen, damit sie wieder gesund werden. Sie können die Ursachen von Krankheiten erkennen und verordnen die geeignete Medizin. Viele von ihnen haben sich spezialisiert, es gibt zum Beispiel Kinderärzte und Augenärzte.

der Ast

Ein **Ast** ist der Teil eines Baumes, der aus dem Stamm wächst. Äste sind dicker als Zweige.

der Astronaut

Ein **Astronaut** ist ein Mensch, der in den Weltraum hinausfliegt. Mit einer Rakete startet er auf der Erde und fliegt zum Mond oder zu einer Raumstation.

das Auge

Mit deinen zwei **Augen** kannst du sehen. Du kannst sie auf- und zumachen. Die Wimpern schützen das Auge vor Fremdkörpern. Die Iris kann blau, braun oder grün sein.

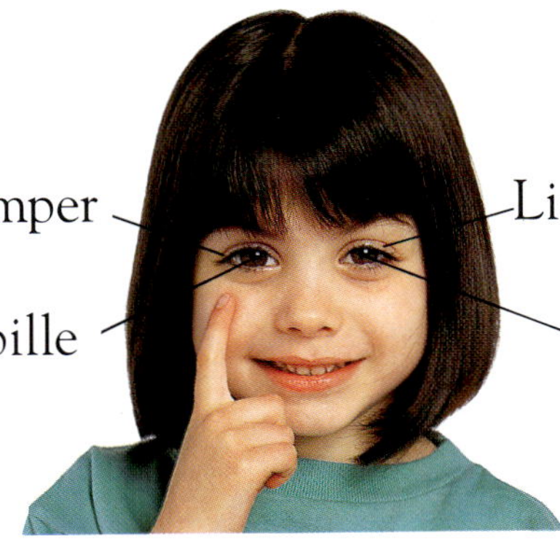

der Ausgang

Ein **Ausgang** führt aus einem Gebäude oder Raum hinaus.

die Auster

Eine **Auster** ist eine Muschel. Sie hat eine sehr harte Schale. Ihr weiches Inneres kann man essen. In manchen Austern werden Perlen gezüchtet.

ausziehen

Wenn du dich **ausziehst,** legst du deine Kleider ab. Bevor du abends ins Bett gehst, ziehst du dich aus.

das Auto

Ein **Auto** ist ein Fahrzeug mit einem Motor und vier Rädern. Wer ein Auto fahren will, braucht einen Führerschein.

die Autorin

Eine **Autorin** schreibt Romane, Geschichten, Gedichte oder Theaterstücke. Man nennt sie auch Schriftstellerin.

B

Bb *Bb* Bb *Bb*

das Baby

Ein **Baby** ist ein neugeborenes Kind.

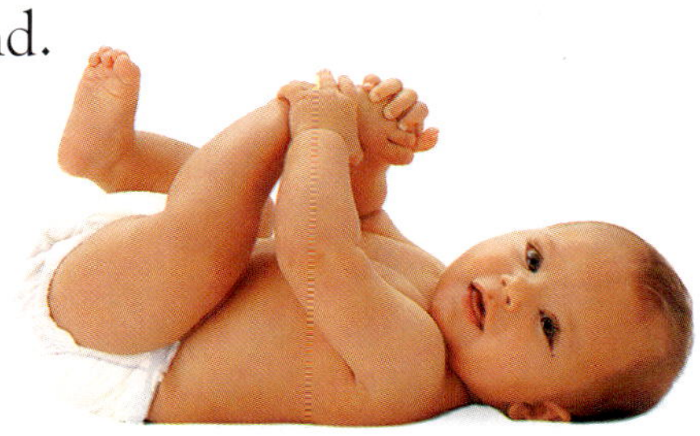

der Bach

Ein **Bach** ist ein kleiner Fluss.

der Bäcker

Ein **Bäcker** arbeitet in einer Bäckerei und macht den Teig für Brote, Kuchen und andere Backwaren. Diese werden dann in einem großen Backofen gebacken.

das Badezimmer

Im **Badezimmer** wäschst du dich und putzt dir die Zähne. Manchmal badest du in der Badewanne oder du duschst.

der Bahnhof

Im **Bahnhof** halten die Züge, damit die Fahrgäste ein- oder aussteigen können. Züge fahren auf Schienen. Zwei Schienen bilden ein Gleis.

der Ball

Einen **Ball** braucht man für viele Spiele und für einige Sportarten, beispielsweise Fußball.

die Banane

Die **Banane** ist eine Frucht aus tropischen Ländern. Sie wächst an Stauden.

das Band

Ein **Band** ist ein schmaler Streifen Stoff, den man zu Schleifen binden kann.

die Band

Eine **Band** ist eine Gruppe von Leuten, die miteinander Musik machen.

die Bank

Eine **Bank** ist ein Möbelstück, auf dem mehrere Personen sitzen können. Meistens stehen Bänke im Park oder im Garten.

die Bank

Eine **Bank** ist ein Ort, wohin man sein Geld zum Sparen bringen kann. Wer sein Geld zurückhaben will, bekommt es am Schalter oder am Geldautomaten ausgezahlt.

der Bär

Der **Bär** ist eines der größten Raubtiere und lebt in Waldgebieten überall auf der nördlichen Erdhalbkugel. Es gibt zum Beispiel Schwarz-, Braun- und Eisbären. Der Waschbär ist einer der kleinsten Bären. In Europa wurde der Bär fast ausgerottet.

der Bart

Ein **Bart** sind die Haare, die bei Männern im Gesicht wachsen.

die Batterie

Eine **Batterie** ist ein versiegeltes Behältnis, in dem Strom gespeichert wird. Für deinen Gameboy oder deinen Taschenrechner brauchst du Batterien.

der Bauernhof

Auf dem **Bauernhof** bewirtschaften der Bauer und die Bäuerin Äcker und halten Vieh. Sie erzeugen viele unserer Nahrungsmittel wie Kartoffeln, Getreide, Obst und Gemüse. Heute gibt es meist landwirtschaftliche Großbetriebe.

der Baum

Bäume sind die größten Pflanzen. Sie haben einen dicken, hölzernen Stamm, Äste, Zweige und Blätter. Die ältesten Bäume sind fast 7000 Jahre alt.

die Baumwolle

Baumwolle besteht aus vielen weißen, flauschigen Fasern, die am Baumwollstrauch wachsen. Aus Baumwolle wird Stoff hergestellt.

die Beere

Eine **Beere** ist eine kleine, weiche Frucht. Es gibt viele verschiedene Beerensorten, zum Beispiel Erdbeeren und Brombeeren.

das Bein

Das **Bein** ist der Körperteil zwischen deinem Popo und deinem Fuß.

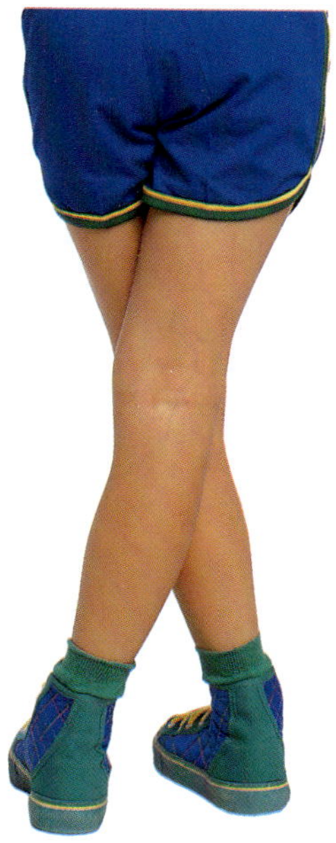

der Berg

Ein **Berg** ist eine sehr hohe Erhebung in der Landschaft. Berge bestehen aus Gestein und Erde. Bergsteiger erklettern hohe Berge.

das Bergwerk

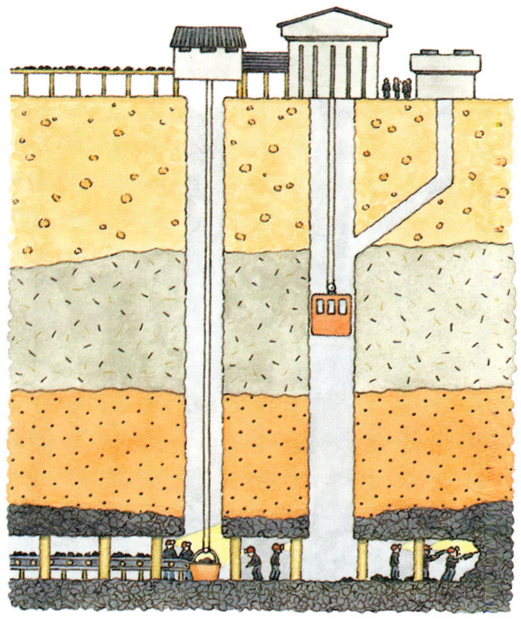

Ein **Bergwerk** besteht aus tiefen Tunneln und Schächten unter der Erde, in denen Bodenschätze abgebaut werden, zum Beispiel Erze, Kohle oder Salz.

das Bett

Ein **Bett** ist das Möbelstück, in dem du schläfst. Es steht meistens im Schlafzimmer.

bezahlen

Beim Einkaufen bekommst du eine Ware und gibst Geld dafür. Das Mädchen **bezahlt** etwas bei dem Jungen an der Kasse des Kaufladens.

die Biene

Bienen sind Insekten und leben als Volk im Bienenstock. Sie sammeln den Blütennektar und machen daraus Honig. Sie bauen sechseckige Waben aus Wachs und speichern darin den Honig als Nahrung für die Larven.

das Bild

Ein **Bild** entsteht, wenn du etwas auf Papier oder Leinwand zeichnest oder malst.

billig

Billig ist das Gegenteil von teuer. Billige Sachen kosten wenig Geld.

binden

Wenn du deine Schnürsenkel **bindest,** machst du eine Schleife.

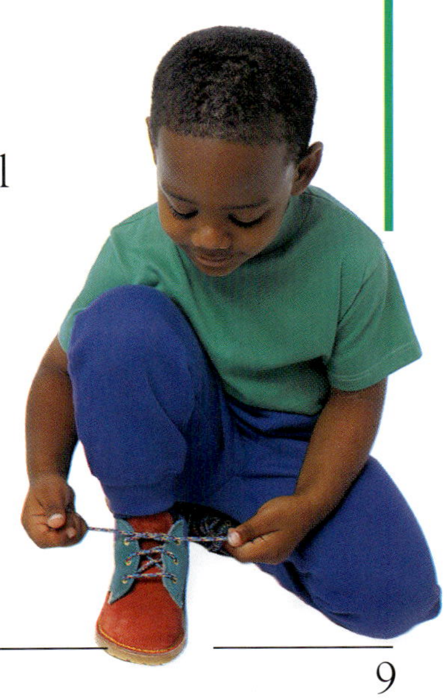

die Birne

Die **Birne** ist eine Frucht und wächst am Baum. Sie gehört zum Kernobst und ist süß und saftig.

blasen

Du **bläst,** wenn du schnell viel Luft auspustest. Dieses Mädchen bläst Seifenblasen.

das Blatt

Ein **Blatt** ist der flache, grüne Teil der Pflanze, der aus ihren Zweigen herauswächst. Es gibt viele verschiedene Blattformen.

blau

Blau ist eine Farbe. Bei schönem Wetter ist der Himmel blau.

der Bleistift

Ein **Bleistift** ist ein Schreibwerkzeug aus Holz mit einer Mine aus Grafit. Du kannst damit schreiben oder zeichnen.

blind

Blinde Menschen können nicht sehen. Blindenhunde helfen ihnen und führen sie. Damit Blinde Bücher lesen können, gibt es eine besondere Blindenschrift, die aus erhöhten Punkten besteht.

die Blindschleiche

Blindschleichen sind schlangenähnliche, beinlose Echsen und leben in Europa.

der Blitz

Ein **Blitz** ist ein plötzliches Aufleuchten während eines Gewitters, wenn sich elektrische Spannung entlädt. Danach hört man den Donner.

die Blockflöte

Die **Blockflöte** ist ein Blasinstrument aus Holz oder Plastik mit 8 bis 10 Grifflöchern.

die Blume

Eine **Blume** ist eine Pflanze mit Blüten. Es gibt viele verschiedene Blumenarten.

der Blumenkohl

Der **Blumenkohl** ist ein Gemüse mit vielen weißen Blumenkohlröschen in der Mitte, die man essen kann.

die Bluse

Eine **Bluse** ist ein Kleidungsstück für den Oberkörper. Blusen werden von Mädchen und Frauen getragen.

das Blut

Blut ist die rote Flüssigkeit, die das Herz durch den Körper pumpt.

die Blüte

Eine **Blüte** besteht aus farbigen Blütenblättern. In ihrer Mitte wachsen die Samen, mit denen sich die Pflanze vermehren kann.

die Bohrmaschine

Eine **Bohrmaschine** ist ein elektrisches Werkzeug. Damit werden Löcher in Holz, Stein oder Metall gebohrt.

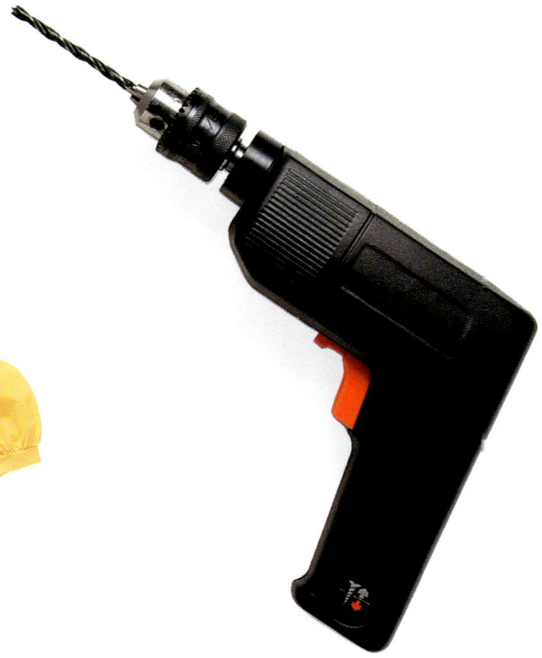

das Bonbon

Bonbons sind Süßigkeiten zum Lutschen. Es gibt süße und saure Bonbons in vielen Farben.

die Bratpfanne

Eine **Bratpfanne** ist ein flaches Kochgeschirr aus Metall mit einem langen Griff. Darin brät man Fleisch oder Eier.

braun

Braun ist eine Farbe. Holz und Erde sind braun.

die Braut
der Bräutigam

Die beiden sind das **Brautpaar** und wollen heiraten. Nach der Hochzeit sind sie Ehemann und Ehefrau.

das Boot

Ein **Boot** ist ein kleines Wasserfahrzeug. Mit Booten werden Personen oder Lasten übers Wasser transportiert.

brennen

Wenn du etwas anzündest, **brennt** es. Die Flammen verbreiten Hitze und Rauch.

das Brettspiel

Ein **Brettspiel** ist ein Unterhaltungsspiel mit Spielfiguren und Spielbrett. Zwei oder mehr Personen spielen es nach bestimmten Regeln.

die Briefmarke

Eine **Briefmarke** ist ein kleines Stück Papier, das man auf der Post kauft. Es wird auf den Briefumschlag geklebt, damit die Post den Brief befördert. Viele Leute sammeln Briefmarken.

der Briefträger

Ein **Briefträger** arbeitet bei der Post und bringt Briefe und Päckchen ins Haus.

der Briefumschlag

Ein **Briefumschlag** ist eine Hülle aus Papier für einen Brief.

die Brille

Eine **Brille** besteht aus einem Gestell und zwei geschliffenen Gläsern. Wenn du einen Sehfehler hast, kannst du mit einer Brille wieder gut sehen.

das Brot

Brot ist ein Nahrungsmittel und wird aus einem Teig gebacken. Der Teig besteht aus Mehl, Wasser, Salz und einem Treibmittel wie zum Beispiel Hefe.

die Brust

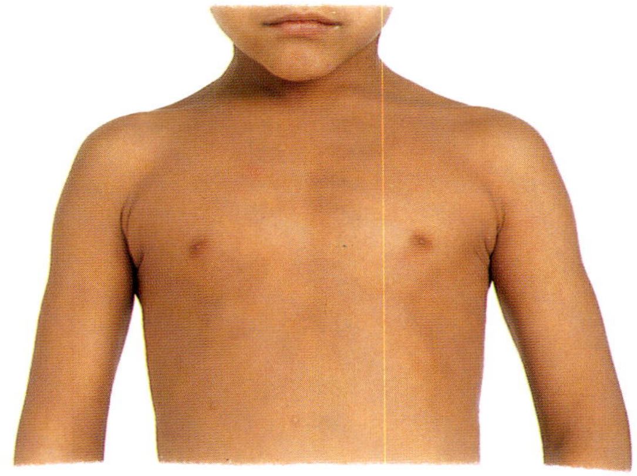

Die **Brust** ist der Körperteil zwischen Hals und Bauch.

das Buch

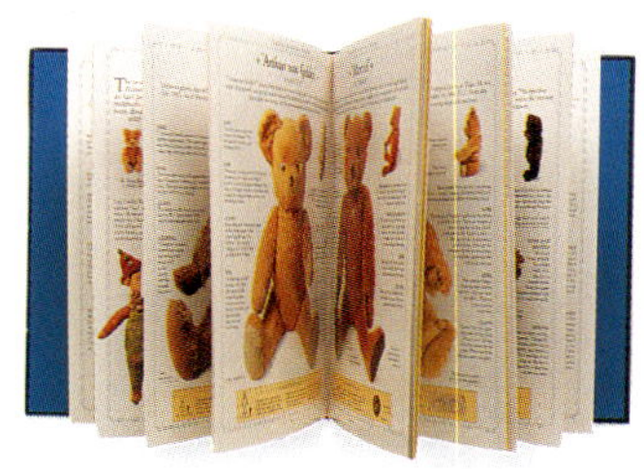

Ein **Buch** besteht aus Papierseiten, die zwischen zwei Buchdeckeln zusammengehalten werden. Auf diese Seiten wurden Wörter oder Bilder gedruckt. Im Mittelalter wurden die Bücher von Hand geschrieben und mit Malereien geschmückt.

die Brücke

Eine **Brücke** führt über eine Straße oder über einen Fluss. Menschen, Autos und Eisenbahnen können über sie von einer Seite auf die andere gelangen.

die Bücherei

In einer **Bücherei** oder Bibliothek gibt es viele Regale mit Büchern für Kinder und Erwachsene.
Bei den Bibliothekarinnen kannst du dir die Bücher ausleihen, die du lesen willst. Auch Schallplatten, CDs, Musikkassetten und Gesellschaftsspiele kannst du dort ausleihen.

der Buchstabe

Ein **Buchstabe** ist Teil des Alphabets. Wenn du Buchstaben aneinander reihst, erhältst du Wörter.

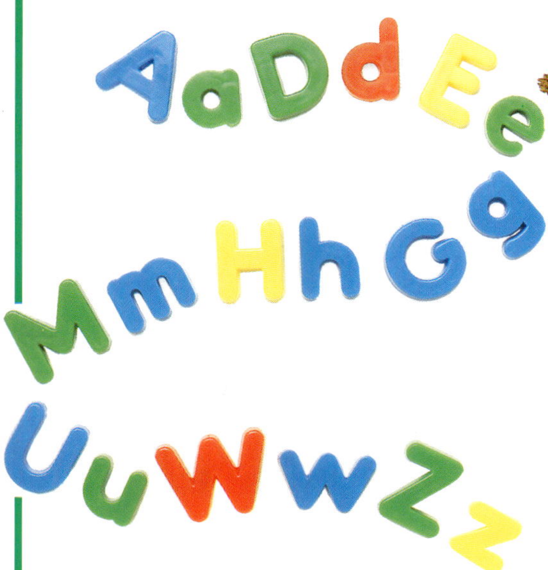

das Bügeleisen

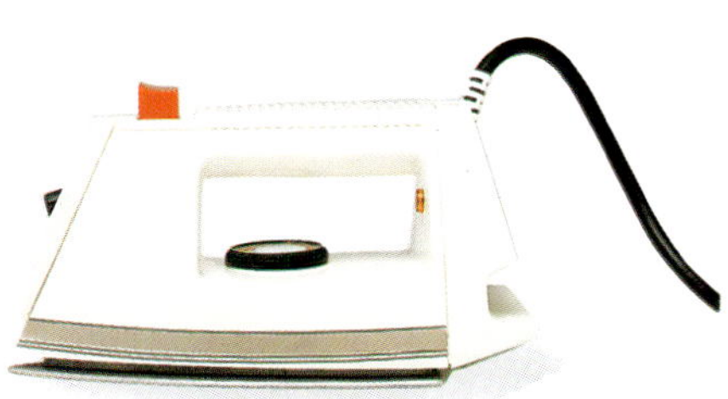

Ein **Bügeleisen** ist ein elektrisches Haushaltsgerät, mit dem man Stoff glätten kann.

der Bulldozer

Ein **Bulldozer** ist ein starker Traktor mit Raupenkettenfahrwerk, mit dem man Steine und Erde beiseite räumen kann.

der Bumerang

Ein **Bumerang** ist ein flaches, gebogenes Wurfholz. Ursprünglich war er die Waffe der Ureinwohner Australiens. Wenn der Bumerang richtig geworfen wird, kehrt er zum Werfer zurück. Moderne Bumerangs können länger als eine Minute in der Luft bleiben.

der Buntstift

Mit einem **Buntstift** oder mit Wachsmalkreide kannst du Bilder malen. Buntstifte und Kreiden gibt es in allen Farben.

die Burg

Eine **Burg** ist ein großes, altes Bauwerk mit dicken Steinmauern und Türmen. Vor vielen Jahrhunderten schützte sie die Bewohner vor Feinden. Der Burgherr war oft ein Ritter. Zum Schutz vor Angreifern waren viele Burgen von einem Wassergraben umgeben.

das Büro

Ein **Büro** ist ein Arbeitsraum. Dort gibt es Schreibtische, Stühle, Computer und Aktenschränke.

die Bürste

Eine **Bürste** ist ein Werkzeug mit vielen Borsten. Mit einer Haarbürste glättest du die Haare. Andere Bürsten braucht man zum Saubermachen.

bürsten

Wenn du **bürstest,** reinigst oder glättest du etwas mit einer Bürste. Dieses Mädchen säubert seine Nägel.

der Bus

Ein **Bus** ist ein großes Fahrzeug, in dem viele Menschen mitfahren können. Der Fahrer hält an den Bushaltestellen, damit die Passagiere ein- und aussteigen können.

die Butter

Butter ist ein Fett und wird aus Kuhmilch hergestellt. Wir streichen Butter aufs Brot oder verwenden sie zum Braten und Backen.

C

Cc Cc Cc Cc

die CD

CD ist die Abkürzung von Compactdisc. Die CD ist eine flache Plastikscheibe, auf der Töne oder Bilder gespeichert werden. Mit einem CD-Spieler kannst du CDs abspielen.

das Chamäleon

Ein **Chamäleon** ist ein Reptil und lebt in südlichen Ländern. Um sich vor ihren Feinden zu verstecken, nimmt diese Baumeidechse stets die Farbe ihrer Umwelt an.

der Chor

Ein **Chor** besteht aus vielen Sängerinnen und Sängern, die gemeinsam Lieder singen. Es gibt auch Kinderchöre, wie zum Beispiel die Wiener Sängerknaben.

der Clown

Ein **Clown** ist ein Spaßmacher im Zirkus. Er bringt die Leute zum Lachen. Er schminkt sich ein buntes Gesicht und benimmt sich oft tollpatschig. Auch bei Straßenfesten treten manchmal Clowns auf.

das Cockpit

Im **Cockpit** eines Flugzeugs sitzt der Pilot. Von hier aus steuert er die Maschine mit komplizierten Instrumenten.

der Comic

Ein **Comic** ist ein Heft oder Buch mit Bildergeschichten. Der Text steht in Sprechblasen.

der Computer

Ein **Computer** ist ein elektronisches Gerät, in dem Daten gespeichert werden. Wenn du die richtigen Tasten drückst, erscheinen die gewünschten Informationen auf dem Bildschirm. Mit einem Computer kannst du arbeiten und spielen.

der Cousin die Cousine

Cousins und **Cousinen** heißen die Söhne und Töchter deiner Tanten und Onkel.

D

Dd *Dd* Dd *Dd*

das Dach

Ein **Dach** ist die Abdeckung eines Gebäudes. Es schützt vor Hitze, Kälte und Regen. Dächer können zum Beispiel mit Ziegeln, Blech, Stroh, Schiefer, Holz oder Kunststoff gedeckt werden.

der Daumen

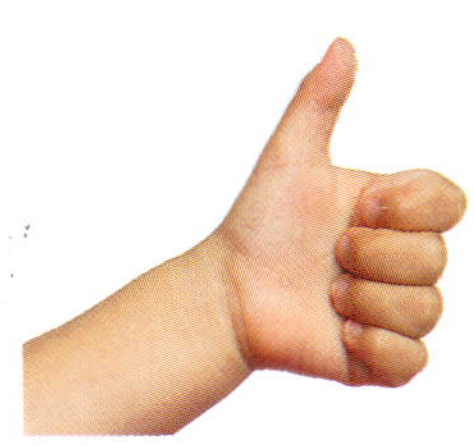

Der **Daumen** ist der dicke, kurze Finger, der dem Handgelenk am nächsten ist.

die Decke

Eine **Decke** besteht aus dickem Stoff oder aus Wolle. Du deckst dich damit zu, wenn du dich ausruhst oder schläfst. Die Bettdecke ist manchmal mit Daunenfedern gefüllt.

der Delfin

Delfine sind Säugetiere, obwohl sie wie Fische im Wasser leben. Sie gehören zu den Walen. Sie sind freundliche, intelligente und neugierige Tiere, die sich in einer Pfeifsprache verständigen. Meistens leben sie in größeren Gruppen zusammen.

der Detektiv

Ein **Detektiv** löst verzwickte Kriminalfälle, indem er Spuren untersucht und Leute befragt.

der Diamant

Ein **Diamant** ist ein kostbarer, funkelnder Edelstein. Er ist durchsichtig wie Glas und der härteste Stoff auf der Welt.

dick

Dick ist das Gegenteil von dünn. Der eine Hamster sieht dicker aus, weil seine Backentaschen voller Mandeln sind.

der Dinosaurier

Dinosaurier sind riesige Echsen, die vor vielen Millionen Jahren lebten. Heute sind sie ausgestorben. Es gab verschiedene Saurierarten, kleine und große, laufende und fliegende, Pflanzen- und Fleischfresser. Einer der größten Saurier, der Ultrasaurus, wog wahrscheinlich 130 Tonnen.

der Dirigent

Ein **Dirigent** leitet ein Orchester oder einen Chor. Er gibt den Musikern oder Sängern ihre Einsätze und zeigt das Tempo an.

die Distel

Die **Distel** ist eine stachlige Pflanze mit einer lila Blüte. Sie wächst bevorzugt an Wegrändern und auf trockenen Weiden.

doppelt

Doppelt bedeutet, dass es etwas zweimal gibt. Das eine Eis hat doppelt so viele Kugeln wie das andere.

das Dorf

Ein **Dorf** ist eine Ansammlung von einigen Häusern und Bauernhöfen. Hier leben weniger Menschen als in einer Stadt.

der Dorn

Ein **Dorn** dient der Pflanze als Schutz. Auch Stacheln schützen.

der Drache

Ein **Drache** ist ein Fabeltier aus Märchen und Sagen. Meistens hat er Flügel und kann Feuer speien.

der Drachen

Ein **Drachen** ist ein Spielzeug aus buntem Papier oder Kunststoff an einer langen Schnur. Wenn es windig ist, kann er hoch oben in der Luft fliegen.

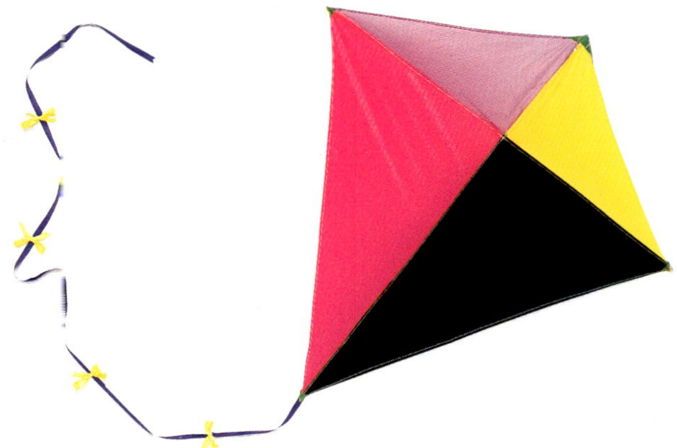

der Draht

Draht besteht aus Metall und kann wie eine starke Schnur verwendet werden.
Aus Drahtgeflecht werden Zäune hergestellt.
Mit dünnem Draht kann man Dinge befestigen.

draußen

Draußen ist das Gegenteil von drinnen. Dieser junge Hund ist draußen und nicht in seiner Hütte.

drei

Die **Drei** ist die Zahl nach der Zwei und vor der Vier.

das Dreieck

Ein **Dreieck** ist eine Fläche mit drei Seiten und drei Ecken.

der Dschungel

Der **Dschungel** ist ein riesiges Waldgebiet in tropischen Ländern, wo es heiß und feucht ist. Er heißt auch Regenwald.

dünn

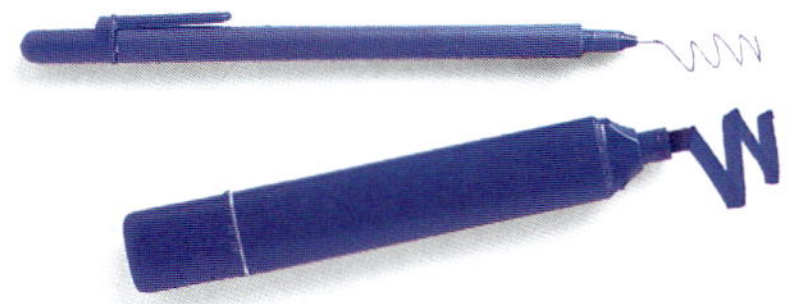

Das Gegenteil von dick ist **dünn**.

durchsichtig

Wenn etwas **durchsichtig** ist, ist es zum Beispiel aus Glas oder Kunststoff und man kann hindurchsehen.

die Dusche

Eine **Dusche** ist eine Waschvorrichtung. Man steht unter einer Brause und das Wasser kommt von oben.

E

Ee *Ee* Ee *Ee*

die Ecke

Eine **Ecke** entsteht, wenn zwei Linien oder Flächen aufeinander stoßen. Die abgebildete Form hat vier Ecken.

der Edelstein

Edelsteine sind seltene Kristalle und Steine. Sie werden oft zu Schmuck verarbeitet und sind sehr wertvoll.

der Efeu

Efeu ist eine Kletterpflanze und rankt sich an Mauern und Bäumen oft mehr als 20 Meter hoch.

das Ei

Eier haben eine dünne Schale. Vögel, aber auch Reptilien, Fische und Insekten legen Eier. Daraus schlüpfen später ihre Jungen.

das Eichhörnchen

Eichhörnchen sind Nagetiere und leben in Europa und Asien auf Bäumen. Sie können bis zu vier Meter weit springen und fressen Nüsse und Samen.

die Eidechse

Eidechsen gehören zu den Reptilien. Es gibt ungefähr 150 Arten. Die schlanken Kriechtiere lieben die Wärme.

der Eimer

Ein **Eimer** ist ein Behältnis aus Metall oder Kunststoff mit einem Henkel. Man kann darin flüssige und feste Sachen transportieren.

der Einbrecher

Ein **Einbrecher** ist ein Dieb, der in ein Haus eindringt um zu stehlen.

der Eingang

Durch einen **Eingang** kannst du in einen Raum oder in ein Gebäude gelangen.

das Einhorn

Das **Einhorn** ist ein pferdeähnliches Fabeltier aus dem Märchen. Es kommt auch in Wappen vor.

die Einladung

Wenn du jemandem eine **Einladung** schickst, dann möchtest du, dass er zu dir kommt.

eins

Die **Eins** ist die Zahl vor der Zwei. Beim Zählen fängst du mit eins an.

die Eintrittskarte

Eine **Eintrittskarte** zeigt, dass du den Eintritt für eine Veranstaltung bezahlt hast. Du musst eine kaufen, wenn du zum Beispiel ins Kino oder ins Museum gehen willst.

das Eis

Eis ist gefrorenes Wasser.

das Eis

Eis aus Milch, Wasser, Zucker und Früchten schmeckt vor allem bei Hitze gut.

der Eisbär

Eisbären sind große Raubtiere und leben in der Nähe des Nordpols, in der Arktis. Sie können über zwei Meter lang und bis zu 450 Kilogramm schwer werden.

der Eisberg

Ein **Eisberg** ist ein riesiger Eisbrocken, der im Meer schwimmt. Der größte Teil ist unter Wasser und deshalb gefährlich für Schiffe.

die Eisenbahn

Eine **Eisenbahn** ist ein Zug aus Waggons. Sie wird von einer Lokomotive oder einem Triebkopf gezogen. Sie fährt auf Schienen.

der Elefant

Elefanten sind die größten lebenden Landtiere. Sie sind Säugetiere und leben in Afrika und Indien. Sie haben einen langen Rüssel und werden ungefähr genauso alt wie Menschen. Weil ihre Stoßzähne aus Elfenbein so wertvoll sind, wurden sie fast ausgerottet.

die Elektrizität

Elektrizität kann man nicht sehen. Man kann sie nur an ihrer Wirkung erkennen. Sie treibt Maschinen an und gibt uns Licht und Wärme durch elektrischen Strom, der aus der Steckdose kommt. Elektrizität wird in Kraftwerken erzeugt.

der Ellenbogen

Der **Ellenbogen** ist das Gelenk in der Mitte deines Armes, wo du ihn beugen kannst.

die Eltern

Eltern sind Erwachsene, die Kinder haben. Deine Mutter und dein Vater sind deine Eltern. Du bist ihr Sohn oder ihre Tochter.

eng

Eng ist das Gegenteil von weit. Durch einen engen Spalt kommt man nur mit Mühe durch.

die Ente

Enten sind Wasservögel mit Schwimmhäuten zwischen den Zehen. Von den Wildenten stammt unsere Hausente ab, die wegen ihres Fleisches und ihrer Eier gezüchtet wird. Die männliche Ente heißt Erpel oder Enterich. Die Jungen sind die Entenküken.

die Erbse

Die **Erbse** ist ein Gemüse und gehört zu den Hülsenfrüchten wie die Bohne. Mehrere runde Erbsen wachsen in einer Schote.

die Erdbeere

Die **Erdbeere** ist eine kleine, saftige Frucht. Sie wächst in Stauden dicht über der Erde.

die Erde

Erde heißt der Planet, auf dem wir leben. Über zwei Drittel der Erde sind von Wasser bedeckt, nur ein knappes Drittel ist Festland.

die Erdnuss

Die **Erdnuss** ist ein Samen in einer Schale. Sie wächst in der Erde.

der Erfinder

Ein **Erfinder** entwickelt neue Ideen oder Maschinen.

Erste Hilfe

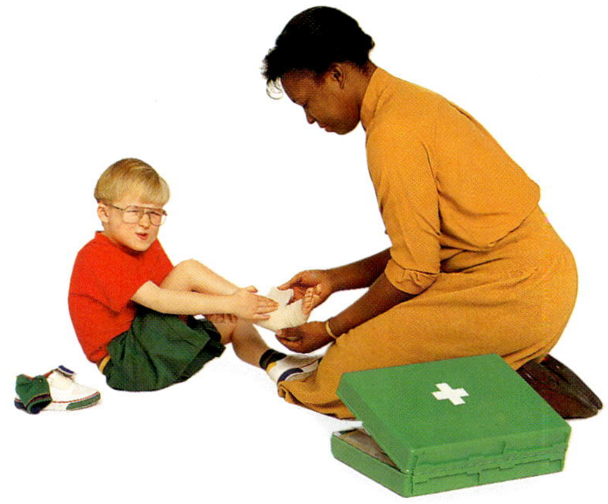

Erste Hilfe ist die Versorgung eines Verletzten, bevor der Arzt eintrifft. Wer einen Erste-Hilfe-Kurs mitgemacht hat, weiß im Notfall, was er tun muss.

der Erwachsene

Wenn Jugendliche ihre volle Körpergröße erreicht haben und ihr Körper ausgewachsen ist, sind sie **erwachsen.** Dann sind sie Männer und Frauen. Wenn du älter wirst, wirst du auch erwachsen.

der Esel

Esel sind Huftiere und mit den Pferden verwandt. Sie sind kleiner und stämmiger als Pferde. In südlichen Ländern werden Esel als Haustiere gehalten. Sie sind ausdauernde Lastenträger und gute Kletterer.

der Eskimo

Eskimos leben in den arktischen Gebieten in der Nähe des Nordpols. Sie nennen sich Inuit, das heißt in ihrer Sprache „Menschen“. Früher wohnten sie im Sommer in Zelten und im Winter in Torfhäusern. Sie leben auch heute noch überwiegend von der Jagd und vom Fischfang.

essen

Wenn du **isst,** nimmst du Nahrung in den Mund. Dann kaust du sie und schluckst sie hinunter.

die Eule

Eulen sind Nachtvögel. Sie können im Dunkeln sehr gut hören und sehen und jagen fast nur nachts.

F

Ff *Ff* Ff *Ff*

die Fabrik

In einer **Fabrik** arbeiten viele Menschen gemeinsam an Maschinen um etwas herzustellen.

der Fächer

Ein **Fächer** ist aus Papier oder Stoff gefaltet. Man fächelt sich damit zur Abkühlung Luft zu.

der Faden

Ein **Faden** ist ein gesponnenes Garn aus mehreren zusammengedrehten Natur- oder Kunstfasern.

die Fahne

Eine **Fahne** ist ein rechteckiges Stück Stoff an einer Stange. Jedes Land hat eine eigene Landesfahne in den Nationalfarben.

fahren

Man **fährt** mit dem Auto, Zug oder Fahrrad, um einen Ort zu verlassen und einen anderen zu erreichen.

fallen

Wer **fällt,** stürzt auf den Boden.

der Fallschirm

Ein **Fallschirm** ist ein großes, zusammengefaltetes Stück Stoff in einem Rucksack. Nach dem Absprung wird der Fallschirm geöffnet und trägt den Springer.

das Fahrrad

Ein **Fahrrad** ist ein Fahrzeug mit zwei Rädern, die von Pedalen angetrieben werden. Wer Fahrrad fährt, sitzt auf dem Sattel, tritt die Pedale mit den Füßen und steuert mit den Händen den Lenker. Kinderräder haben oft noch zwei Stützräder.

falten

Wenn du etwas **faltest,** knickst du einen Teil ab und legst ihn über den anderen.

die Familie

Eine **Familie** besteht aus Mutter, Vater und Kindern. Die Kinder sind Bruder und Schwester, also Geschwister. Auch Großeltern, Tanten und Onkel gehören zur Familie.

fangen

Fangen heißt einen Gegenstand festhalten, der einem zugeworfen wird.

die Farbe

Rot, Gelb und Blau sind Farben. Aus ihnen kannst du alle anderen Farben mischen.

die Feder

Federn bedecken den Körper der Vögel und halten ihn warm. Sie bestehen aus Horn und sind sehr leicht, aber widerstandsfähig. Die Schwungfedern bilden die Flügel.

das Federmäppchen

Ein **Federmäppchen** ist ein Behältnis aus Leder oder Stoff. Darin werden Schreibsachen aufbewahrt: Bleistift und Buntstifte, Kugelschreiber und Füller, Radiergummi und Spitzer.

das Fell

Viele Tiere besitzen ein **Fell** oder einen Pelz aus dichten, weichen Haaren. Das Fell hält sie warm.

das Fenster

Ein **Fenster** ist eine Öffnung in der Wand mit einer Scheibe aus Glas. Durch das Fenster kommen Tageslicht und Luft ins Zimmer.

das Fernglas

Ein **Fernglas** ist eine besondere Brille. Wenn du hindurchschaust, siehst du weit entfernte Dinge ganz nah.

das Fernrohr

Ein **Fernrohr** ist ein Gerät, durch das man bis zu den Sternen sehen kann.

der Fernseher

Im **Fernsehen** kann man Filme und andere Sendungen sehen. Die Programme kommen über Antenne, Kabel oder eine Satellitenschüssel ins Haus.

die Ferse

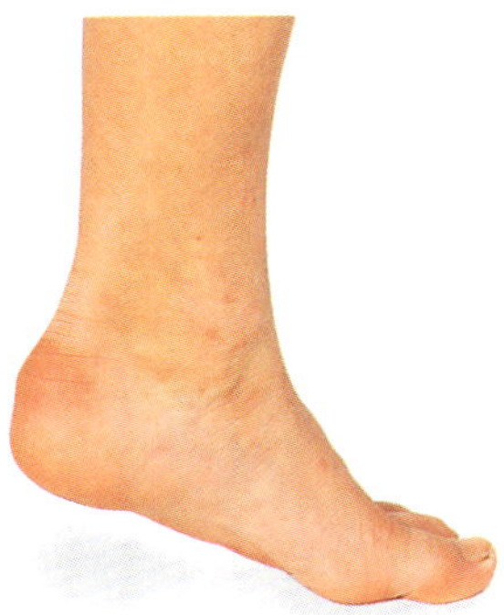

Die **Ferse** ist der hintere Teil des Fußes, direkt unter dem Knöchel.

das Feuer

Ein **Feuer** entsteht, wenn etwas brennt. Dann gibt es auch Licht und Wärme, Qualm und Rauch.

Die Feuerwehr versucht ein ungewolltes Feuer mit Wasser und Schaum zu löschen.

das Fest

Ein **Fest** findet statt, wenn etwas gefeiert wird. Du lädst manchmal Gäste zu deinem Geburtstagsfest ein.

der Film

Ein **Film** ist ein schmaler Kunststoffstreifen mit Fotos. Wenn er im Kino oder Fernsehen gezeigt wird, sieht und hört man eine Geschichte.

der Finger

Ein **Finger** ist ein Teil der Hand. Jede Hand hat fünf Finger.

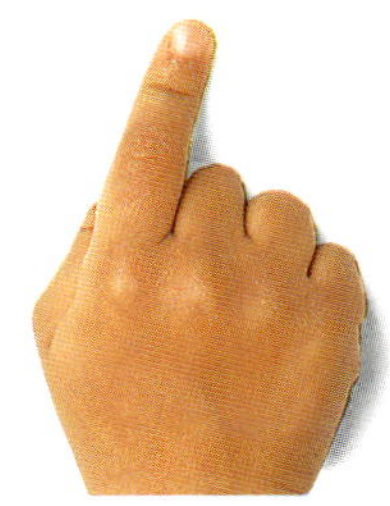

der Fisch

Fische leben im Wasser und atmen durch Kiemen. Sie schwimmen mithilfe ihrer Flossen und haben meist eine schuppige Haut.

fischen

Wenn du **fischen** willst, brauchst du ein Netz, um die Tiere im Wasser zu fangen.

die Flasche

Eine **Flasche** ist ein Gefäß mit einem Hals. Sie ist aus Glas oder Plastik. In Flaschen werden Flüssigkeiten aufbewahrt.

die Fledermaus

Fledermäuse sind kleine Säugetiere mit Flughäuten. Sie jagen nachts Insekten. Die meisten der über 2000 Fledermausarten leben in den Tropen. Bei uns ist die Fledermaus vom Aussterben bedroht.

das Fleisch

Wir essen das **Fleisch** vieler Tiere. Schweine, Schafe, Rinder und Geflügel werden deshalb gezüchtet und geschlachtet.

die Fliege

Fliegen sind Insekten, die überall auf der Welt leben. Im Gegensatz zu allen anderen Insekten haben sie nur zwei statt vier Flügel. Es gibt mehr als 100000 Arten.

fliegen

Wenn etwas **fliegt,** bewegt es sich durch die Luft wie ein Vogel, ein Flugzeug oder ein Papierdrachen.

das Floß

Ein **Floß** ist ein flaches Wasserfahrzeug aus zusammengebundenen Baumstämmen.

die Flosse

Anstelle von Armen haben Seelöwen oder Robben **Flossen.** Damit können sie schwimmen wie Fische und Wale, aber sie können sich damit auch an Land fortbewegen.

die Flöte

Eine **Flöte** wie diese Querflöte ist ein Blasinstrument. Durch Hineinblasen und Bedienen der Grifflöcher entstehen Töne.

der Flügel

Fliegende Tiere brauchen **Flügel,** um sich in der Luft zu halten und vorwärts zu bewegen. Insektenflügel bestehen aus einer Art Haut, Vogelflügel aus Federn und Knochen.

der Flughafen

Auf dem **Flughafen** starten und landen Flugzeuge. Passagiere steigen ein oder aus und Fracht wird verladen.

das Flugzeug

Ein **Flugzeug** ist ein Luftfahrzeug mit Tragflächen und Propellern oder Düsenantrieb. Es bringt Passagiere und Fracht schnell von einem Ort zum anderen.

der Fluss

Ein **Fluss** ist ein fließendes Gewässer und mündet in einen Strom, in einen See oder ins Meer.

die Flüssigkeit

Eine **Flüssigkeit** hat keine feste Form, zum Beispiel Wasser. Flüssigkeiten kann man gießen.

das Flusspferd

Flusspferde sind große Säugetiere, die gut schwimmen und tauchen können. Sie leben in Afrika und fressen Gras.

flüstern

Wenn du **flüsterst,** dann redest du ganz leise, damit dich nicht alle hören können.

die Form

Eine **Form** ist der äußere Umriss eines Gegenstandes. Es gibt Kreise, Rechtecke, Dreiecke, Quadrate und viele andere Formen.

das Foto

Ein **Foto** ist ein Bild, das mit einem Fotoapparat auf einen Film aufgenommen wird. Der Film wird entwickelt und auf Papier abgezogen.

der Fotoapparat

Mit einem **Fotoapparat** macht man Bilder von Personen und Landschaften.

die Fotografin

Eine **Fotografin** macht mit ihrer Kamera Fotos und verkauft sie. Es gibt Mode- und Landschaftsfotografinnen. Andere haben sich auf das Fotografieren von Personen spezialisiert.

die Frau

Eine **Frau** ist ein erwachsenes Mädchen.

freuen

Wenn du dich **freust,** hast du strahlende Laune.

der Freund

Freunde sind die Menschen, die man sehr gern hat und mit denen man sich gut versteht.

der Frosch

Frösche sind Lurche oder Amphibien und können deshalb im Wasser und auf dem Land leben. Sie kommen fast auf der ganzen Welt vor.

das Frühstück

Das **Frühstück** ist die erste Mahlzeit des Tages.

der Fuchs

Füchse sind schlanke Raubtiere und leben auf der nördlichen Erdhalbkugel. Sie graben sich ihren Bau unter der Erde. Ihr buschiger Schwanz heißt Lunte.

der Füller

Ein **Füller** ist ein Schreibwerkzeug, das mit Tinte gefüllt wird.

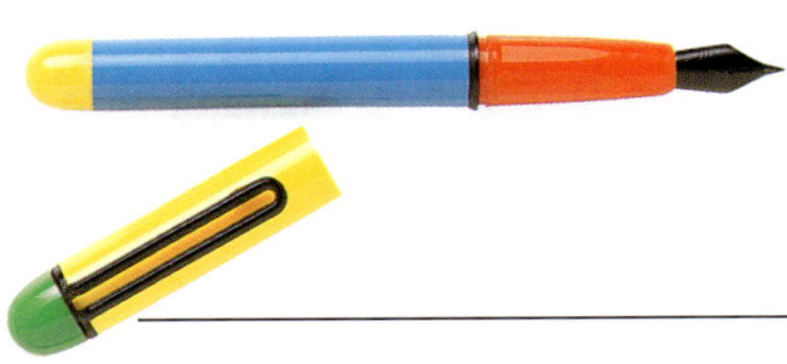

fünf

Fünf heißt die Zahl nach der Vier und vor der Sechs.

der Fuß

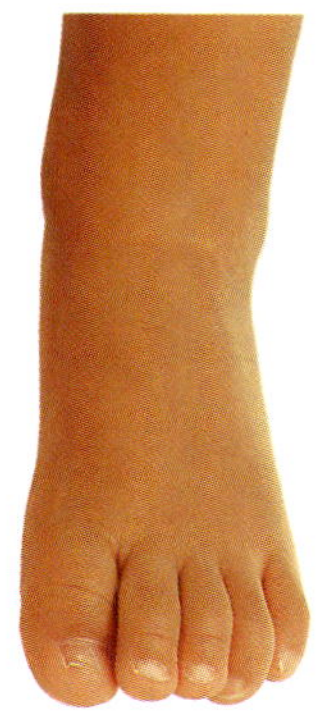

Der **Fuß** ist am Ende des Beines. Du stehst auf zwei Füßen. An jedem Fuß sind fünf Zehen. Der hintere Teil des Fußes heißt Ferse.

Fußball

Fußball ist ein Mannschaftsspiel mit einem Ball.
Zwei Mannschaften mit je elf Spielern versuchen den Ball möglichst oft in das Tor des Gegners zu schießen.
Dabei darf der ganze Körper mithelfen, aber nie die Hände.

G

Gg Gg Gg Gg

die Gabel

Die **Gabel** ist ein Teil unseres Essbestecks. Sie hat mindestens zwei Zinken. Damit pikst man das Essen auf.

gähnen

Wenn du **gähnst,** machst du deinen Mund weit auf und atmest tief ein. Man gähnt, wenn man müde ist.

die Gans

Gänse sind Schwimmvögel und leben in Europa, Australien und Südamerika. Unsere Hausgans wird wegen ihres Fleisches und ihrer Federn gezüchtet. Männliche Gänse heißen Ganter, junge Gänse Gössel oder Gänseküken.

die Garage

Eine **Garage** ist ein Raum, in dem Autos abgestellt werden.

der Garten

In einem **Garten** wachsen Zier- oder Nutzpflanzen wie Blumen, Obst und Gemüse.

geben

Wenn du etwas **gibst,** reichst du es einem anderen. Der Junge gibt dem Mädchen seinen Teddy.

der Geburtstag

Dein **Geburtstag** ist der Tag im Jahr, an dem du geboren wurdest. Du bekommst an diesem Tag Geschenke und einen Geburtstagskuchen.

das Gehirn

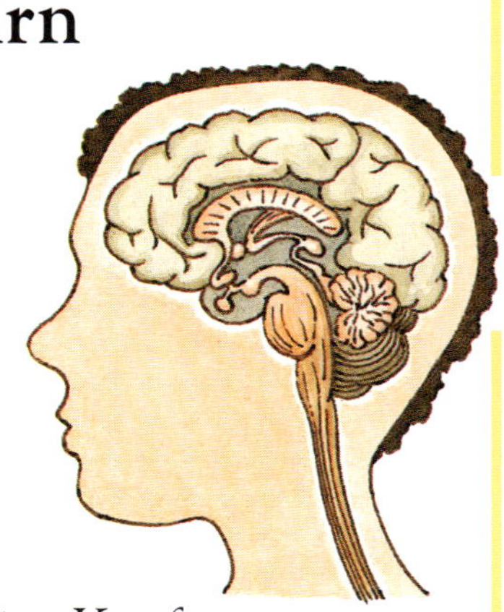

Das **Gehirn** im Kopf steuert alle Organe des Körpers. Auch Gedanken und Gefühle entstehen im Gehirn.

der Geier

Geier sind große Vögel. Sie haben meist kahle Köpfe und Hälse und leben als Aasfresser von toten Tieren.

die Geige

Die **Geige** ist ein Streichinstrument mit vier Saiten. Sie besteht aus Holz. Wenn man mit dem Bogen über die Saiten streicht, erklingen Töne.

gelb

Gelb ist eine Farbe. Zitronen sind gelb.

das Geld

Geld ist ein Zahlungsmittel in Form von Münzen und Scheinen. Damit kaufen wir Waren ein.

die Geldbörse

Eine **Geldbörse** ist ein Behältnis aus Stoff oder Leder, in dem man sein Geld aufbewahrt.

das Gemüse

Gemüse sind essbare Pflanzen. Von manchen essen wir die Blätter, von anderen die Samen, Früchte, Stängel oder Wurzeln. Es gibt sehr viele Gemüsesorten. Manche kann man roh essen, manche nur gekocht.

das Gepäck

Alle Koffer und Taschen, mit denen man verreist, heißen **Gepäck.**

das Geschenk

Ein **Geschenk** ist eine hübsch verpackte Überraschung, die man jemandem bei einer besonderen Gelegenheit überreicht.

geschlossen

Geschlossen ist das Gegenteil von geöffnet. Der eine Koffer ist offen, der andere geschlossen oder zu.

das Gesicht

Das **Gesicht** ist die Vorderseite des Kopfes. Die meisten Sinnesorgane wie Augen, Nase und Mund sitzen im Gesicht.

das Gespenst

Gespenster kommen in Gruselgeschichten vor und geistern angeblich nachts herum.

das Getreide

Getreide ist das wichtigste Nahrungsmittel der Menschen. Die Samenkörner werden geerntet und zu Mehl gemahlen. Aus Amerika kommt der Mais und aus Asien der Reis. Beides wird gekocht gegessen.

die Giraffe

Giraffen sind Huftiere und leben in Afrika. Sie haben von allen Tieren den längsten Hals und werden bis zu sechs Meter groß.

die Gitarre

Die **Gitarre** ist ein Zupfinstrument. Sie hat einen langen Hals und ist mit sechs Saiten bespannt. Wenn du die Saiten schlägst oder zupfst, entstehen Töne.

Glas

Glas ist ein festes Material, aus dem Fenster, Spiegel, Lampen und Gefäße hergestellt werden. Obwohl es durchsichtig ist, ist es sehr stabil. Wenn es zerbricht, gibt es Scherben.

gleich

Wenn Dinge **gleich** sind, dann ist das eine genau so wie das andere. Die Waage zeigt, dass die roten Äpfel das gleiche Gewicht haben wie die grünen.

der Globus

Ein **Globus** ist eine Nachbildung unseres Planeten Erde im Kleinformat. Darauf lassen sich alle Erdteile und Meere erkennen.

die Glocke

Eine **Glocke** besteht aus Metall. Du kannst damit läuten, wenn du sie hin und her bewegst. Dann schlägt der Klöppel an den Rand, der wie bei einem Kelch nach außen gebogen ist.

glücklich

Wenn du **glücklich** bist, bist du mit dir und der Welt sehr zufrieden.

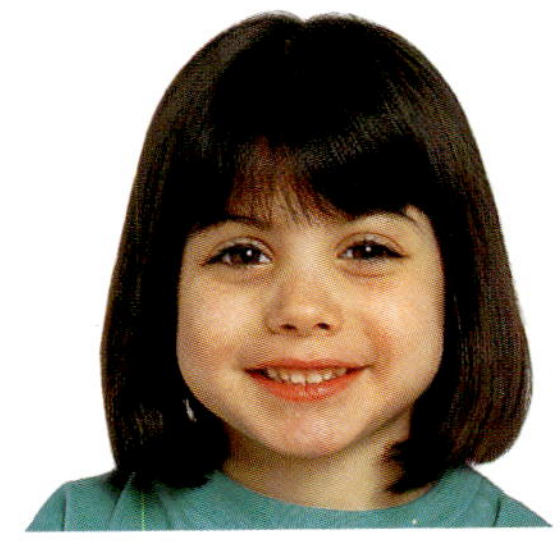

die Glühbirne

Eine **Glühbirne** in einer Lampe leuchtet hell, wenn Strom hindurchfließt.

das Gold

Gold ist ein glänzendes Edelmetall, aus dem Schmuck gefertigt wird. Man findet Goldadern in Gesteinen und in Flüssen. Früher waren Goldmünzen auch Zahlungsmittel.

der Goldfisch

Goldfische sind Zierfische von meist leuchtend orangeroter Farbe.

der Goldhamster

Goldhamster sind Nagetiere und sammeln in ihren Backentaschen ihre Nahrung.

der Gorilla

Gorillas sind die größten Menschenaffen. Sie leben in Familienverbänden in Afrika und ernähren sich von Pflanzen.

das Gras

Gräser gehören zu den Blütenpflanzen, von denen es viele Tausend Arten gibt. Bestimmte Grasarten wie Getreide und Futtergräser sind die wichtigsten Pflanzen der Landwirtschaft.

grau

Grau ist eine Farbe. Sie entsteht, wenn man Schwarz mit Weiß mischt. Asphaltstraßen sind grau.

die Grille

Grillen sind Insekten. Wenn die Männchen ihre Flügeldecken aneinander reiben, entsteht ein zirpendes Geräusch.

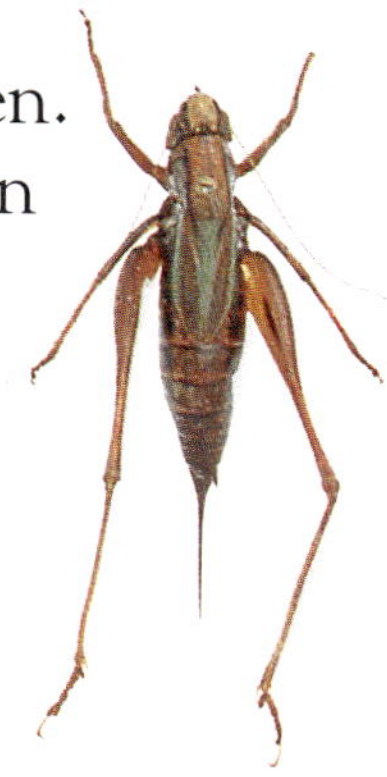

groß

Groß ist das Gegenteil von klein. Die kleinen Puppen passen alle in die große hinein.

die Gurke

Die **Gurke** ist eine Gemüsepflanze mit länglichen Früchten. Diese werden oft roh als Salat gegessen.

die Großeltern

Deine **Großeltern** sind die Eltern von deinem Vater oder deiner Mutter. Du bist ihr Enkel oder ihre Enkelin.

grün

Grün ist eine Farbe. Sie entsteht, wenn man Gelb mit Blau mischt. Blätter sind im Sommer grün.

der Gürtel

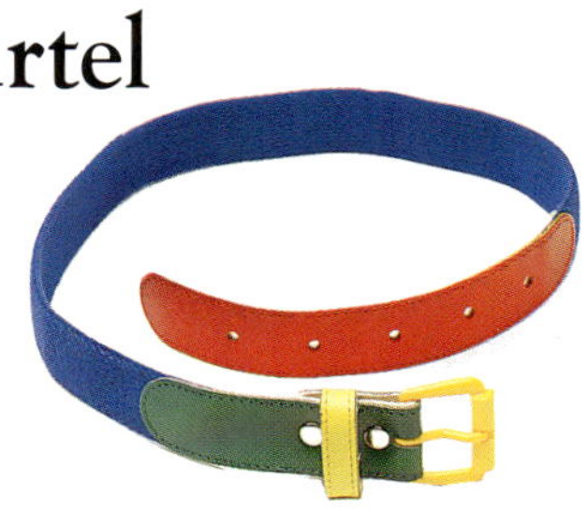

Ein **Gürtel** besteht meist aus Leder oder Stoff und hält Hosen, Kleider oder Röcke in der Taille fest.

H

Hh *Hh* Hh *Hh*

die Haare

Auf deinem Kopf wachsen **Haare.** Sie bestehen aus Horn und wachsen in zehn Tagen etwa drei Millimeter.

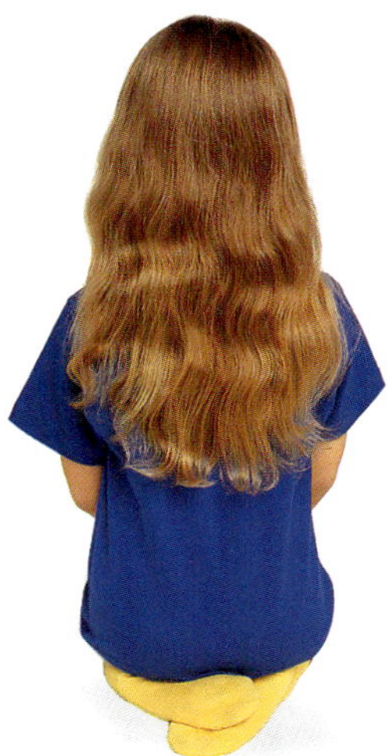

der Habicht

Habichte sind Greifvögel. Sie haben scharfe Augen, ein gutes Gehör und starke Krallen um ihre Beutetiere zu fangen.

der Hafen

Ein **Hafen** ist ein geschützter Ankerplatz für Schiffe an einer Meeresküste oder am Flussufer. Passagiere können hier an oder von Bord gehen und Frachten können verladen werden. In Werften werden hier auch Schiffe repariert oder neu gebaut.

der Hai

Haie sind Meeresfische. Die meisten Haie sind für den Menschen trotz ihrer messerscharfen Zähne ungefährlich.

die Hälfte

Eine **Hälfte** ist genauso groß wie die andere Hälfte, mit der sie ein Ganzes bildet.

der Hals

Der **Hals** ist der Körperteil zwischen Kopf und Schultern.

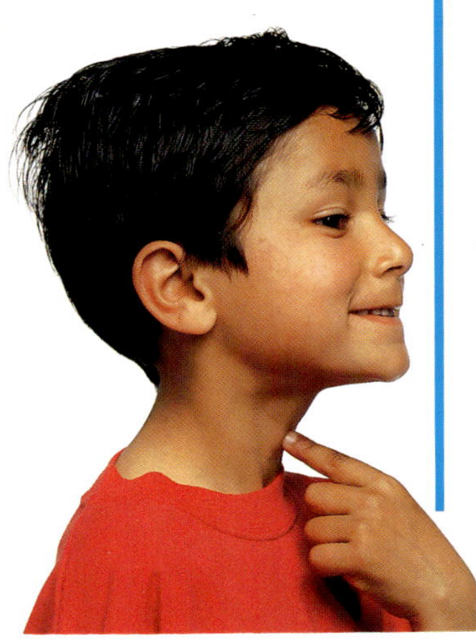

der Hammer

Ein **Hammer** ist ein Werkzeug, mit dem du Nägel einschlagen kannst.

die Hand

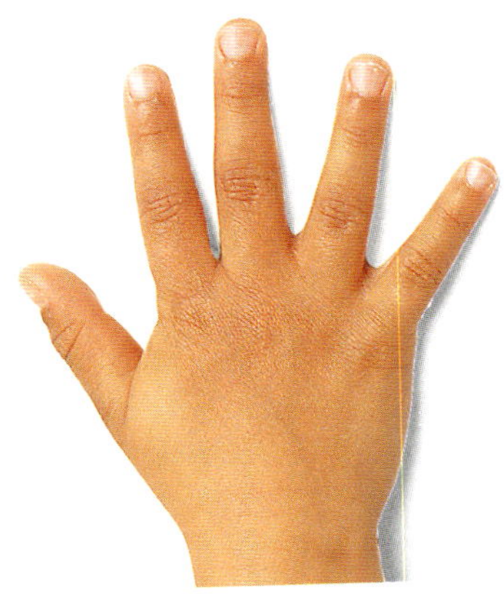

Die **Hand** ist der Körperteil am Ende des Arms. Jede Hand hat fünf Finger.

der Handschuh

Ein **Handschuh** ist ein Kleidungsstück. Er schützt die Hand vor Kälte, Schmutz und Verletzungen.

das Handtuch

Ein **Handtuch** ist ein weiches Stück Stoff, mit dem man sich nach dem Waschen abtrocknet.

der Haufen

Ein **Haufen** besteht aus vielen einzelnen Dingen, die aufeinander gelegt wurden.

das Haus

Ein **Haus** ist ein Gebäude, in dem Menschen wohnen.

das Haustier

Ein **Haustier** ist ein zahmes Tier, das bei Menschen wohnt und von ihnen gefüttert wird. Um Haustiere muss man sich kümmern wie um Freunde.

das Heft

Ein **Heft** besteht aus zusammengehefteten Seiten in einem Papierumschlag. Schulhefte haben leere Seiten. Bei Comic-Heften sind die Seiten bunt bedruckt.

das Heftpflaster

Ein **Heftpflaster** schützt eine Hautverletzung vor Schmutz und Krankheitserregern. Wenn die Wunde verheilt ist, kann man das selbstklebende Pflaster wieder abziehen.

heiß

Heiß ist das Gegenteil von kalt. Wenn dir heiß ist, dann schwitzt du. Im Sommer ist es oft heiß, im Winter kalt.

helfen

Wenn du jemandem **hilfst,** erleichterst du ihm seine Tätigkeit. Das Mädchen hilft dem Jungen den Koffer zu tragen.

der Helm

Ein **Helm** ist ein Kopfschutz aus Plastik, Leder oder Metall, zum Beispiel für Fahrrad- oder Motorradfahrer.

das Hemd

Ein **Hemd** ist ein Kleidungsstück für den Oberkörper.

der Herd

Ein **Herd** ist ein Küchengerät zum Kochen und Backen. Es gibt Elektro- und Gasherde.

der Hering

Heringe sind Meeresfische und leben in großen Schwärmen in den Ozeanen.

das Herz

Das **Herz** ist ein großer Muskel. Es pumpt das Blut durch den Körper.

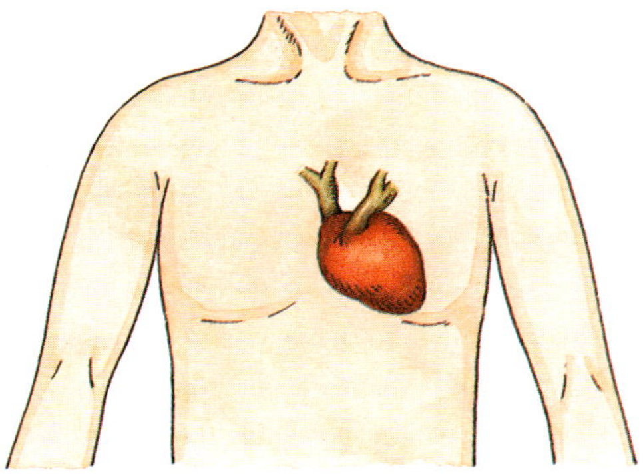

die Heuschrecke

Heuschrecken sind Insekten mit langen Hinterbeinen. Sie fressen Pflanzen und können zirpen wie Grillen.

die Hexe

Eine **Hexe** ist ein Fabelwesen aus dem Märchen und kann zaubern. Es gibt gute und böse Hexen.

der Himmel

Der **Himmel** ist der weite Raum hoch über dir, wo du Wolken, die Sonne, den Mond und die Sterne sehen kannst.

hinten

Hinten ist das Gegenteil von vorn. Das Kaninchen hat hinten am Körper einen Schwanz.

hinter

Wenn sich etwas **hinter** einem anderen Ding befindet, ist es meist nicht zu sehen. Dieses Kind versteckt sich hinter einem Vorhang.

der Hirsch

Hirsche sind Huftiere. Sie leben auf der nördlichen Erdhalbkugel. Das männliche Tier trägt ein Geweih, das weibliche ist die Hirschkuh, das Junge das Hirschkalb.

hoch

Hoch bedeutet, dass etwas weit oben ist. Das Mädchen wirft den Ball hoch in die Luft.

das Hochwasser

Wenn es stark regnet, gibt es manchmal **Hochwasser**. Dann steigen Flüsse über die Ufer und überschwemmen Land und Städte.

die Hochzeit

Eine **Hochzeit** ist das Fest, das gefeiert wird, wenn ein Mann und eine Frau heiraten.

die Höhle

Eine **Höhle** ist ein großes, dunkles Loch in einem Felsen oder unter der Erde.

das Holz

Holz ist ein Material, das die Bäume liefern. Stämme und Äste werden zersägt. Daraus werden dann Möbel oder Papier hergestellt.

der Honig

Honig ist ein klebriger, süßer Stoff, den die Bienen aus Blütennektar in ihren Waben herstellen.

das Hörgerät

Ein **Hörgerät** verstärkt Töne und Geräusche. Es ist eine große Hilfe für Menschen, die schlecht hören.

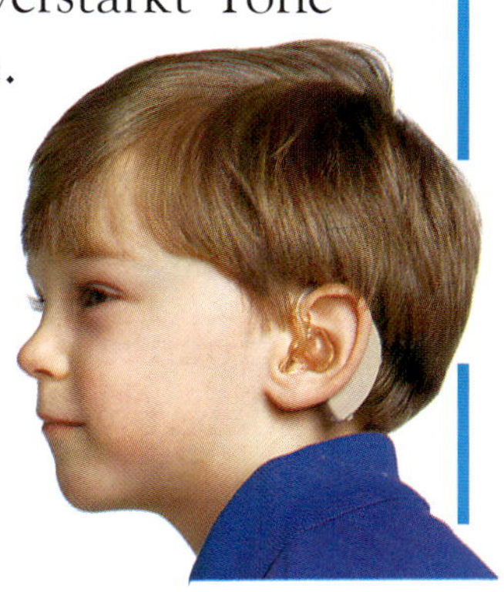

die Hose

Eine **Hose** ist ein Kleidungsstück für den Unterkörper. Früher nannte man sie auch Beinkleid.

der Huf

Manche Tiere haben **Hufe** an den Zehenspitzen, zum Beispiel Pferde. Hufe bestehen aus Horn. Zug- und Reitpferde sind zum Schutz der Hufe meistens mit Hufeisen beschlagen.

das Hotel

Ein **Hotel** ist ein Haus mit vielen Schlafzimmern und meist auch einem Restaurant. Wenn Leute verreisen, schlafen und essen sie gegen Bezahlung in Hotels. Sie müssen sich nicht ums Saubermachen und Aufräumen kümmern, denn das erledigen die Zimmermädchen.

der Hubschrauber

Ein **Hubschrauber** ist ein Flugzeug, das statt Tragflächen und Propeller einen Rotor hat. So kann der Hubschrauber senkrecht starten und landen und braucht wenig Platz dafür. Rettungshubschrauber bringen Verunglückte schnell ins Krankenhaus. Große Hubschrauber haben zwei Rotoren.

die Hüfte
Die **Hüfte** ist der Teil des Körpers direkt unter der Taille.
Dort sitzen die Beckenknochen.
Darunter fangen die Beine an.

der Hügel

Ein **Hügel** ist eine Erhebung in der Landschaft. Hügel sind nicht so hoch wie Berge.

das Huhn

Hühner werden auf dem Bauernhof oder auf Hühnerfarmen als Fleisch- und Eierlieferanten gehalten. Wenn eine Henne ihre Eier ausbrütet, schlüpfen Küken aus.
Der Hahn kann laut krähen.

die Hummel
Hummeln sind Insekten und gehören zu den Bienen.
Sie haben eine rundliche Form und sind dicht behaart.

der Hummer

Hummer sind Meerestiere mit einem harten Panzer und starken Scheren an den Vorderbeinen. Ihr Fleisch gilt als Delikatesse.

der Hund
Hunde sind wohl die ältesten Haustiere des Menschen und werden als Jagd-, Hüte- und Wachhunde gehalten.
Männliche Hunde sind Rüden, die Jungen heißen Welpen.

hundert

Hundert heißt die Zahl nach der 99 und vor der 101.

die Hupe

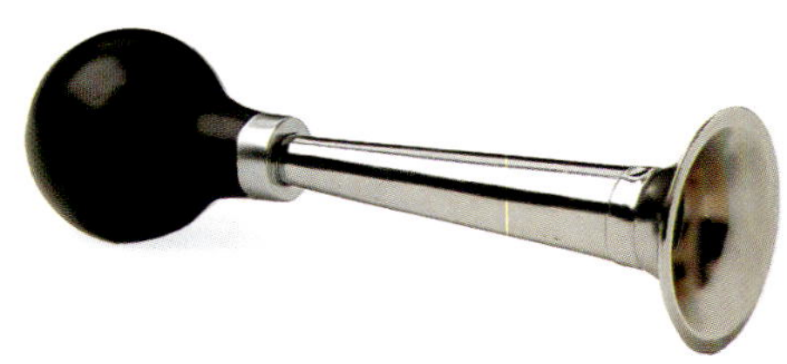

Eine **Hupe** ist ein Signalgerät für Autos. Mit ihrem lauten Ton macht sie auf Gefahren aufmerksam.

hüpfen
Du **hüpfst,** wenn du ein bisschen in die Höhe springst.
Du kannst auf einem oder auf zwei Beinen hüpfen.

der Hut

Ein **Hut** ist eine Kopfbedeckung.

die Hütte

Eine **Hütte** ist ein kleines Holzhaus. Wenn sie aus ganzen Baumstämmen gebaut wurde, ist es eine Blockhütte.

die Hyäne

Hyänen sind Raubtiere. Sie sehen Hunden ähnlich, sind aber mit den Katzen verwandt. Sie leben in Afrika und Asien und jagen ihre Beute nachts.

I

Ii *Ii* Ii *Ii*

der Igel

Igel sind Insektenfresser und schützen sich mit ihren Stacheln vor Feinden.

das Iglu

Ein **Iglu** ist ein Haus aus Schneeblöcken. Darin leben die Inuit, wenn sie auf die Jagd gehen.

in

Wenn etwas **in** einer anderen Sache steckt, dann ist es nicht außerhalb. Diese Schuhe sind in der Schachtel.

der Indianer

Die Ureinwohner Amerikas nennen wir **Indianer**. Über den ganzen Kontinent verstreut lebten viele verschiedene Völker, doch die Europäer haben bei der Besiedlung Amerikas viele Stämme ausgerottet. Heute gibt es nur noch wenige Indianer.

der Ingenieur die Ingenieurin

Ingenieure bauen und reparieren Maschinen. Manche Ingenieure bauen auch Brücken, Straßen oder Gebäude.

das Insekt

Insekten sind kleine Tiere mit sechs Beinen und zwei Fühlern. Man schätzt, dass es über eine Million Arten gibt.

die Insel

Eine **Insel** ist Land, das rundherum von Wasser umgeben ist.

die Installateurin

Installateure sind Handwerker. Sie legen Leitungen für Wasser und Gas oder reparieren sie. Man nennt sie auch Klempner.

J

Jj *Jj* Jj *Jj*

die Jacke

Eine **Jacke** ist ein warmes Kleidungsstück. Wenn sie aus Stoff ist und eine Kapuze hat, nennt man sie Anorak. Strickjacken bestehen aus Wolle, Regenjacken aus einem Material, das kein Wasser durchlässt.

das Jahr

Ein **Jahr** ist die Zeitspanne, in der die Erde sich einmal um die Sonne dreht. Das dauert 12 Monate, also 52 Wochen oder 365 Tage.

die Jahreszeit

Es gibt vier **Jahreszeiten,** die aufeinander folgen, und jede dauert drei Monate.

der Jahrmarkt

Ein **Jahrmarkt** findet oft im Frühling oder im Herbst statt. Die Leute gehen dorthin um sich zu amüsieren. Sie fahren Karussell und Riesenrad oder versuchen an den Buden ihr Glück.

die Jeans
Jeans sind Hosen aus festem Baumwollstoff.

Judo

Judo ist eine Verteidigungssportart. Judokas können sich ohne Waffen gegen Angreifer verteidigen.

jung
Jung ist das Gegenteil von alt. Dieses Baby ist sehr jung.

der Junge
Ein **Junge** ist ein männliches Kind.

K

Kk *Kk* Kk *Kk*

der Käfer

Käfer sind Insekten, bei denen das vorderste Flügelpaar zu harten Flügeldecken umgewandelt ist. Es gibt sie in allen Lebensräumen unserer Erde, nur nicht im Meer.

der Kaffee
Kaffee ist ein Getränk, das aus den Samen des Kaffeestrauchs hergestellt wird. Die Kaffeebohnen werden geröstet und zu Kaffeepulver gemahlen.

der Käfig

Ein **Käfig** ist ein Stall für kleine Tiere wie Meerschweinchen oder Vögel.

der Kakao
In den gelben oder roten Früchten des Kakaobaums wachsen die Kakaobohnen. Sie werden geröstet und zu Pulver zermahlen. Löst man das Pulver in Milch auf, erhält man das Getränk **Kakao.** Kakaopulver wird auch zur Herstellung von Schokolade verwendet.

der Kaktus

Ein **Kaktus** ist eine Pflanze mit Stacheln statt Blättern. Sie stammt aus den amerikanischen Wüsten und kann viel Wasser speichern. Es gibt viele Hundert Arten.

der Kalender
Mit dem **Kalender** teilen wir die Zeit in Jahre, Monate, Wochen und Tage ein.

kalt

Kalt ist das Gegenteil von heiß. Bei kaltem Wetter frierst du vielleicht. Warme Kleider schützen dich vor Kälte.

das Kamel

Kamele sind Wüstensäugetiere, die schwere Lasten tragen können und lange Zeit ohne Wasser auskommen. Kamele mit einem Höcker heißen Dromedare, Kamele mit zwei Höckern heißen Trampeltiere.

kämpfen

Wenn Menschen oder Tiere sich nicht einigen können, **kämpfen** sie manchmal miteinander um herauszufinden, wer der Stärkere ist.

der Kanarienvogel

Kanarienvögel stammen von den Kanarischen Inseln. Sie sind eine Finkenart. Bei uns werden sie als Haustiere in Käfigen gehalten, weil sie schön singen.

das Känguru

Kängurus sind Beuteltiere und leben in Australien. Sie haben lange, kräftige Hinterbeine und können weite Sprünge machen. Weibliche Kängurus tragen ihre Jungen in einem Beutel am Bauch.

das Kaninchen

Kaninchen sind Nagetiere und mit den Hasen verwandt. Wildkaninchen graben Gänge und Baue in den Boden und vermehren sich rasch. Kaninchen werden auch als Haustiere gehalten. Es gibt viele Rassen, zum Beispiel Angora- und Riesenkaninchen.

das Kanu

Ein **Kanu** ist ein langes, schmales Boot, das mit einem Stechpaddel fortbewegt und gesteuert wird.

Karate

Karate ist eine waffenlose Kampfsportart aus Japan, bei der man sich mit Fußtritten und Handkantenschlägen gegen den Angreifer wehrt.

die Kartoffel

Die **Kartoffel** ist eine Gemüseknolle, die in der Erde wächst. Sie stammt aus Südamerika und gehört in Europa zu den Grundnahrungsmitteln.

der Käse

Käse ist ein Nahrungsmittel und wird aus Milch hergestellt. Es gibt in Europa über 1000 Käsesorten.

die Kasse

Im Supermarkt oder im Kaufhaus bezahlt man an der **Kasse**. Die Kunden zeigen ihre Einkäufe und erhalten die Rechnung.

die Kassette

Eine **Kassette** ist ein Plastikgehäuse mit einem Tonband darin. Mit dem Kassettenrekorder kannst du Kassetten abspielen. Auf Leerkassetten kannst du Musik oder Gespräche aufnehmen.

die Katze

Katzen sind Haustiere und mit den Raubkatzen verwandt. Sie können auch im Dunkeln sehr gut sehen. Das männliche Tier heißt Kater, das weibliche Kätzin.

kaufen

Wenn du etwas **kaufst,** dann bezahlst du Geld dafür, damit es dir gehört. Der rechte Junge kauft einen Ball.

die Kaulquappe

Kaulquappen sind die Larven von Fröschen und Kröten. Sie leben in Teichen. Sie sind aus den Eiern geschlüpft, die auch Laich heißen.

der Kegel

Ein **Kegel** ist ein geometrischer Körper. Er ist an einem Ende kreisförmig, am anderen spitz.

die Kerze

Eine **Kerze** besteht aus Wachs und hat einen Baumwolldocht in der Mitte. Wenn du ihn anzündest, gibt die Kerze Licht und Wärme.

der Kiefer

Der **Kiefer** besteht aus Knochen. Diese Knochen bilden die Mundhöhle und in ihnen sitzen die Zähne. Wenn du kaust, bewegst du den Unterkiefer.

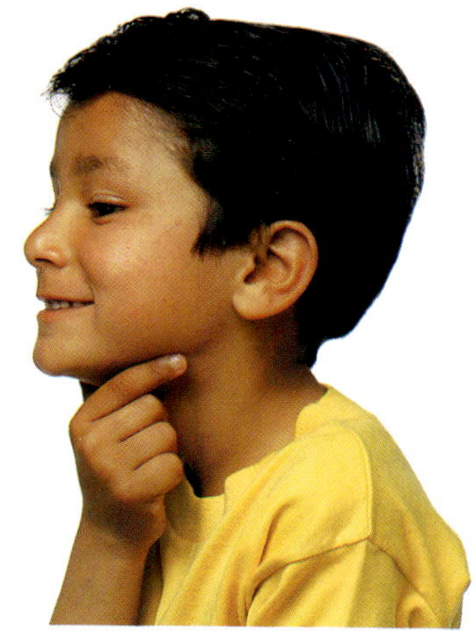

der Kieselstein

Kieselsteine sind kleine Steine, die man am Strand oder am Ufer von Flüssen, Seen oder Meeren findet. Das Wasser hat sie oft glatt geschliffen.

das Kind

Jungen und Mädchen sind **Kinder**. Aus Kindern werden später Erwachsene.

das Kinn

Das **Kinn** ist der unterste Teil des Gesichtes. Es befindet sich unter dem Mund.

die Kirche

Eine **Kirche** ist ein Gebäude, in dem Menschen zusammenkommen und beten.

die Kirsche

Die **Kirsche** gehört zum Steinobst. Die Früchte sind hellrot bis blauschwarz. Es gibt süße und saure Kirschen. Alle haben einen Stein.

das Kissen

Ein **Kissen** ist eine weiche Unterlage, zum Beispiel für den Kopf. Eine Stoffhülle wird mit Federn oder Schaumstoff gefüllt.

klatschen

Du **klatschst,** wenn du deine Hände zusammenschlägst. Begeisterte Zuschauer klatschen Beifall.

das Klavier

Ein **Klavier** ist ein großes Musikinstrument mit schwarzen und weißen Tasten. Wenn du auf die Tasten drückst, erklingen Töne.

der Klebstoff

Klebstoff ist eine zähe Masse aus Leim, Kleister oder Kunstharz. Man braucht ihn zum Basteln und Reparieren.

das Kleid

Ein **Kleid** ist ein einteiliges Kleidungsstück für Mädchen und Frauen. Es besteht aus einem Oberteil und einem Rock.

der Kleiderschrank

Ein **Kleiderschrank** ist ein großes Möbelstück, in dem Kleidungsstücke verwahrt werden. Sie werden auf Kleiderbügeln an eine Stange gehängt oder zusammengefaltet in Fächern gestapelt.

die Kleidung

Zur **Kleidung** gehören Hosen, Hemden, Pullover, Röcke, Blusen, T-Shirts, Strümpfe.

klein

Klein ist das Gegenteil von groß. Die linke Tomate ist kleiner als die rechte.

klettern

Wenn du **kletterst,** steigst du einen Berg oder eine Leiter hinauf. Du musst dabei deine Hände und Füße benutzen.

die Klippe

Eine **Klippe** ist ein hoher, steiler Felsen an der Meeresküste. Am Fuß der Klippe brechen sich die Wellen.

das Knie

Das **Knie** ist das Gelenk in der Mitte des Beins. Dort kannst du dein Bein beugen.

der Knochen

Knochen bilden zusammen mit Knorpeln das Skelett. Du hast mehr als 200 verschiedene Knochen in deinem Körper. Ein gebrochener Knochen wächst meist wieder zusammen, wenn er richtig zusammengefügt wird.

der Knopf

Mit **Knöpfen** kannst du dein Hemd oder deinen Mantel zumachen. Zu jedem Knopf gehört ein Knopfloch.

die Knospe

Knospen sind kleine Verdickungen an Pflanzen. Sie bestehen aus Blättern oder Blüten, die gut umhüllt auf ihre Entfaltung warten. Die Hülle schützt sie vor Kälte.

der Knoten

Du machst einen **Knoten,** wenn du Schnüre aneinander oder an einem Gegenstand festbinden willst.

der Koala

Koalas sind Beuteltiere und leben in Australien auf Bäumen. Sie ernähren sich ausschließlich von den Blättern des Eukalyptusbaums und kommen fast nie auf den Boden.

die Köchin

Köche bereiten aus vielen verschiedenen Nahrungsmitteln leckere Gerichte zu. Sie arbeiten in Restaurants, Kantinen und Krankenhäusern.

der Kohl

Kohl ist ein Gemüse mit vielen fleischigen Blättern. Es gibt viele Kohlsorten, zum Beispiel Weißkohl und Rotkohl.

die Kokosnuss

Die **Kokosnuss** wächst in tropischen Ländern auf Kokospalmen. In ihrer harten Schale sind weißes Samenfleisch und die Kokosmilch.

die Kommode

Eine **Kommode** ist ein Möbelstück mit mehreren Schubladen.

der König

Ein **König** regierte in vergangenen Zeiten das Volk. Er trug eine Krone und ein Zepter. Heute haben Könige keine Regierungsgewalt mehr.

die Königin

Eine **Königin** durfte nur sehr selten regieren. Meistens kümmerte sich ihr Mann, der König, um die Regierungsgeschäfte.

die Konservendose

Eine **Konservendose** ist ein verschlossenes Behältnis aus Metall, in dem sich Nahrungsmittel lange halten.

der Kopf

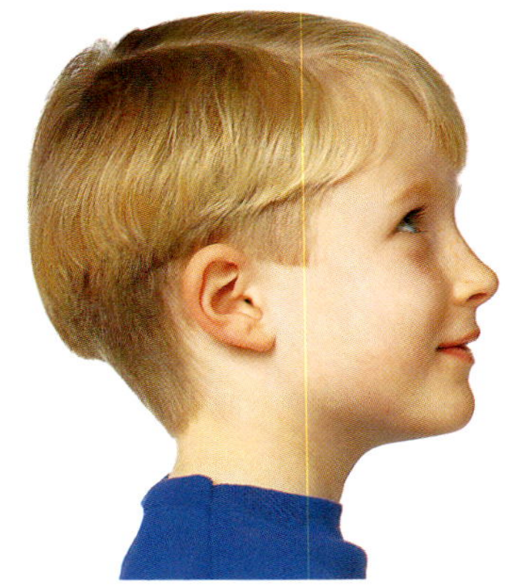

Der **Kopf** ist der Körperteil, der auf dem Hals sitzt. Im Kopf ist das Gehirn. Seine Form erhält der Kopf durch den Schädelknochen.

der Korb

Ein **Korb** ist ein geflochtenes Behältnis. Als Material dienen meist biegsame Pflanzenteile wie Weidenäste.

der Kontinent

Auf unserer Erde gibt es fünf **Kontinente** oder Erdteile:
1. Amerika, 2. Afrika, 3. Australien, 4. Europa, 5. Asien.
Manchmal wird die Antarktis als 6. Kontinent dazugerechnet. Europa und Asien sind die einzigen Erdteile, die nicht durch Meere getrennt sind. Der kleinste Kontinent ist Australien, der größte ist Asien.
In Asien leben viel mehr Menschen als auf den anderen Erdteilen.

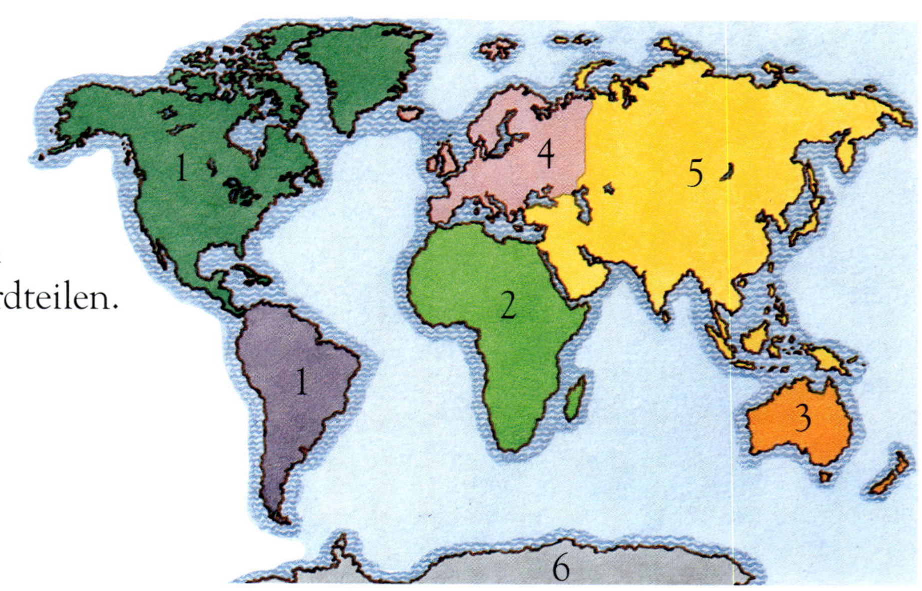

der Körper

Dein **Körper** besteht aus vielen Teilen. Auch Tiere haben einen Körper.

krabbeln

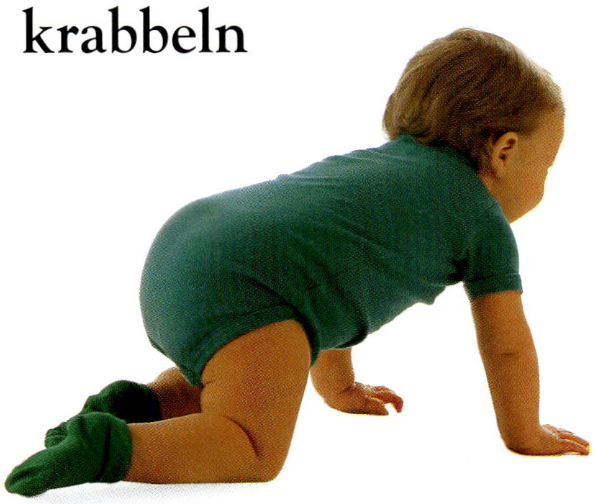

Du **krabbelst,** wenn du dich auf Händen und Knien fortbewegst. Babys lernen zuerst krabbeln und dann laufen.

die Krähe

Krähen sind Rabenvögel und leben fast überall auf der Welt. Es gibt verschiedene Arten, zum Beispiel die Saatkrähe und die Dohle. Krähen sind Allesfresser.

die Kralle

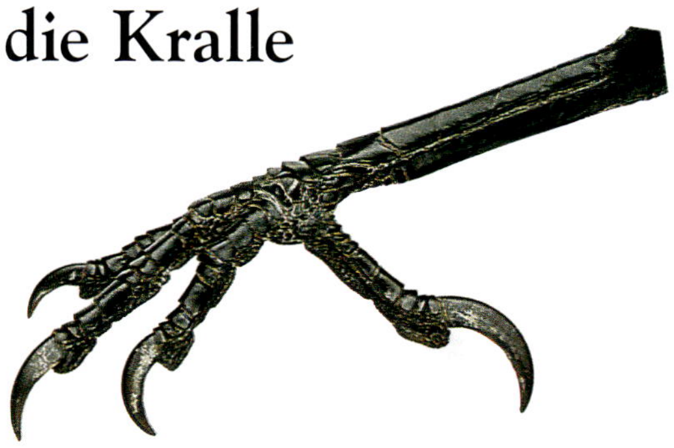

Eine **Kralle** ist ein scharfer, gebogener Nagel an den Zehen von Reptilien, Säugetieren, vielen Vögeln und Amphibien.

der Kran

Ein **Kran** ist ein hoher Turm mit einem Schwenkarm, mit dem man schwere Lasten hebt. Man braucht Kräne auf Baustellen.

das Krankenhaus

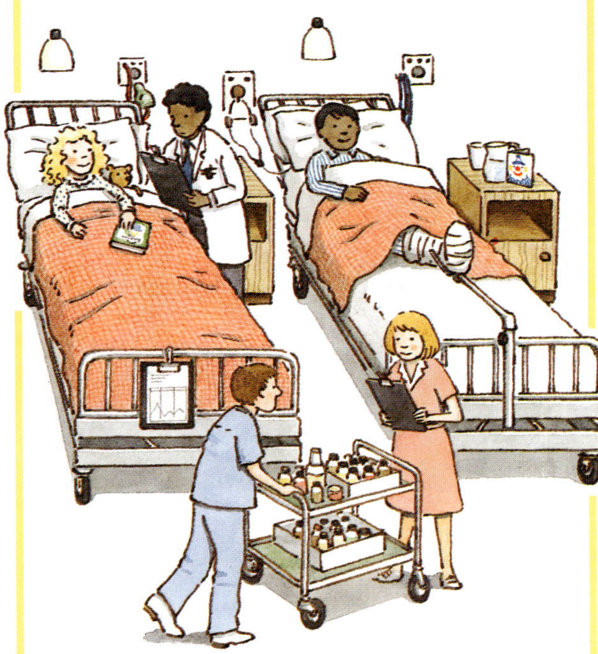

Ein **Krankenhaus** ist ein Gebäude, in dem Kranke und Verletzte gepflegt und geheilt werden.

die Krankenschwester

Eine **Krankenschwester** pflegt kranke oder verletzte Menschen im Krankenhaus oder zu Hause.

die Krawatte

Eine **Krawatte** ist ein buntes Stoffband, das um den Hemdkragen geknotet wird.

der Krebs

Krebse haben einen gepanzerten, harten Körper und gegliederte Beine. Mit den Scheren am Vorderkörper ergreifen sie die Nahrung.

der Kreis

Ein **Kreis** ist eine Form, bei der alle Punkte auf der Kreislinie vom Mittelpunkt gleich weit entfernt sind.

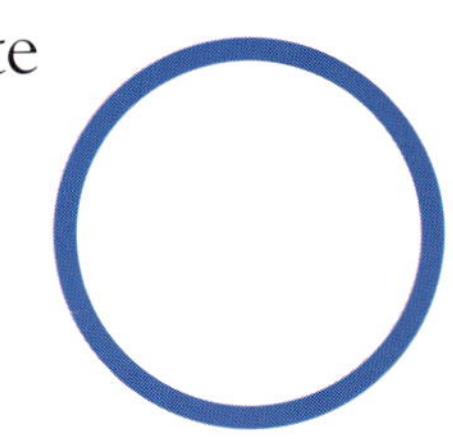

das Krokodil

Krokodile sind Reptilien und leben in seichten Gewässern in Afrika, Asien und Amerika. Es gibt verschiedene Arten, zum Beispiel Alligatoren. Die größte Art ist das Nilkrokodil, es kann sieben Meter lang werden.

der Kuchen

Ein **Kuchen** wird aus süßem Teig gerührt oder geknetet und dann in einer Form im Backofen gebacken. Es gibt viele Kuchensorten.

die Krone

Eine **Krone** ist ein Schmuckstück aus Gold und Juwelen. Sie wird von Königen und Königinnen als Zeichen ihrer Würde auf dem Kopf getragen.

die Kröte

Kröten gehören zu den Amphibien. Sie leben in Feuchtgebieten und sind Nachttiere. Ihre warzige Haut sondert eine giftige Flüssigkeit ab. In Europa leben vor allem die Erdkröte, die Wechselkröte und die Kreuzkröte.

der Krug

Ein **Krug** ist ein offenes Gefäß mit Henkel, mit dem man Milch, Saft oder andere Getränke in ein Glas gießen kann.

die Kuh

Kühe sind Rinder und gehören zu den Haustieren. Sie liefern Milch, Fleisch und Leder. Das männliche Rind heißt Bulle oder Stier, das weibliche Kuh und die Jungtiere heißen Kälber.

die Küche

In der **Küche** wird das Essen zubereitet. Hier befinden sich der Herd, Küchenschränke, die Spüle, der Kühlschrank und die Arbeitsplatte.

der Kühlschrank

Ein **Kühlschrank** ist ein Schrank aus Metall. Ein Motor sorgt dafür, dass die Lebensmittel darin kühl und frisch bleiben. Im Gefrierschrank können Lebensmittel längere Zeit eingefroren werden, um später verbraucht zu werden. Darin kann man auch Speiseeis aufheben und Eiswürfel aus Wasser herstellen.

kurz

Kurz ist das Gegenteil von lang. Das linke Mädchen hat kurze Haare.

der Kuss

Ein **Kuss** ist eine Berührung mit den Lippen. Du küsst Menschen, die du magst.

L

Ll *Ll* Ll *Ll*

das Labor

Ein **Labor** ist ein Arbeitsraum mit Spezialgeräten für wissenschaftliche Untersuchungen und Versuche.

lächeln

Wenn du **lächelst,** zeigst du, dass du gute Laune hast und fröhlich bist.

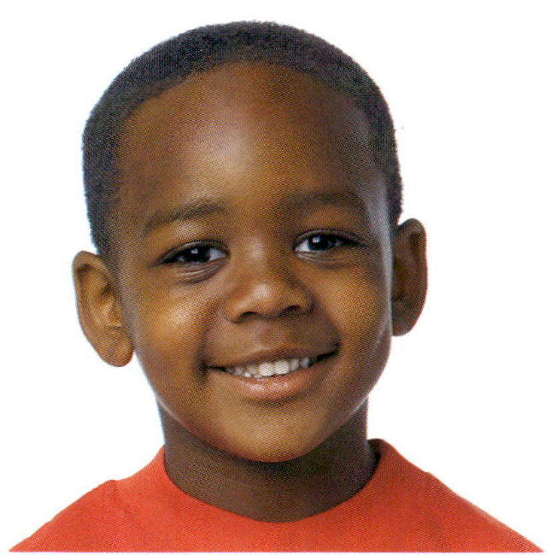

lachen

Wenn du **lachst,** zeigst du laut, dass du dich freust oder etwas komisch findest. Lachen musst du zum Beispiel über einen Witz oder einen Clown im Zirkus.

der Laden

In einem **Laden** kann man Waren einkaufen. Oft sind Läden oder Geschäfte auf bestimmte Sachen spezialisiert. Es gibt Spielzeugläden, Schuhläden und Gemüseläden.

die Lampe

Eine Glühbirne in einer Fassung nennt man **Lampe.** Zum Leuchten braucht die Lampe Strom. Viele Lampen haben einen Lampenschirm.

das Land

Land ist der Teil der Erdoberfläche, der nicht von Wasser bedeckt ist. Dazu gehören das Festland, also die Kontinente, und die vielen kleinen und großen Inseln.

die Landkarte

Eine **Landkarte** ist die verkleinerte bildliche Darstellung der Erdoberfläche. Diese Weltkarte zeigt die verschiedenen Erdteile.

lang

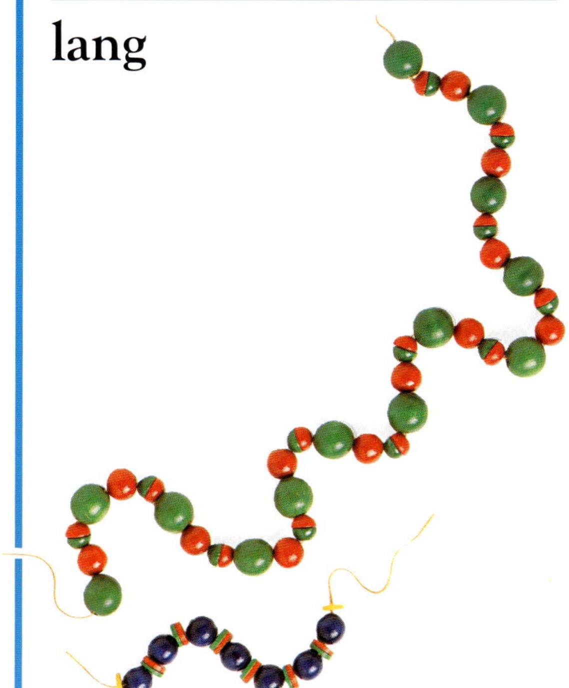

Lang ist das Gegenteil von kurz. Lange Dinge brauchen viel Platz oder viel Zeit. Um diese lange Kette aufzufädeln brauchst du viel Zeit.

langsam

Langsam ist das Gegenteil von schnell. Eine Schildkröte kriecht sehr langsam.

der Lärm

Lärm entsteht durch laute Geräusche. Viele Leute beklagen sich darüber. Wenn man lange Zeit laute Geräusche hören muss, kann man davon krank werden.

der Lastwagen

Ein **Lastwagen** ist ein großes Fahrzeug mit starkem Motor, das schwere Lasten transportieren kann.

laufen

Wenn du **läufst,** bewegst du dich aufrecht auf zwei Beinen vorwärts. Man kann schnell oder langsam laufen.

die Lawine

Eine **Lawine** sind Massen von Schnee, Eis oder Steinen, die plötzlich einen Berghang hinunterrutschen und alles mitreißen.

leer

Leer ist das Gegenteil von voll. Das vordere Glas ist leer.

der Lehrer

Ein **Lehrer** bringt anderen etwas bei. Er unterrichtet an einer Schule.

leicht

Leicht ist das Gegenteil von schwer. Leichte Dinge kann man mühelos aufheben und tragen. Ein Luftballon ist zwar nicht klein, aber voller Luft und deshalb leicht. Auch eine Rechenaufgabe kann leicht oder schwer sein.

die Leiter

Eine **Leiter** ist ein hohes Klettergerät mit vielen Sprossen. Damit kannst du auf einen Baum klettern. Besonders lange Leitern hat die Feuerwehr. Damit retten die Feuerwehrleute Menschen aus brennenden Häusern.

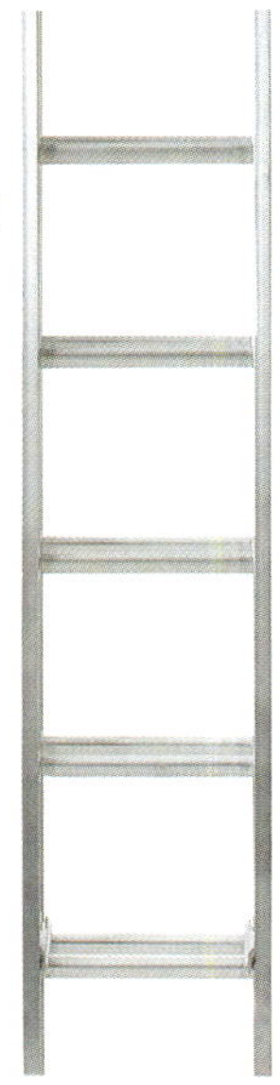

das Lenkrad

Ein **Lenkrad** ist das Steuerrad im Auto. Es bestimmt die Richtung, die die Räder einschlagen.

der Leopard

Ein **Leopard** ist eine Großkatze und lebt in Afrika und Südasien.

lesen

Wenn du **liest,** kennst du die Bedeutung der Buchstaben und erfährst, was in Büchern oder Briefen steht.

der Leuchtturm

Ein **Leuchtturm** ist ein hoher Turm an der Meeresküste mit starken Scheinwerfern in der Spitze. Er warnt Schiffe vor gefährlichen Untiefen und Felsen und zeigt ihnen den Weg in der Dunkelheit und bei schlechtem Wetter.

die Libelle

Libellen sind Raubinsekten. Sie leben an kleineren Gewässern und können auch rückwärts fliegen.

die Liebe

Liebe ist ein angenehmes Gefühl. Wenn man liebt, hat man eine Person oder ein Tier sehr gern und fühlt sich in der Nähe des anderen sehr wohl.

der Lieferwagen

Ein **Lieferwagen** ist ein Fahrzeug mit einer Ladefläche oder einem Laderaum. Mit Lieferwagen werden kleinere Lasten transportiert.

lila

Lila ist eine Farbe. Sie entsteht durch das Vermischen von Blau und Rot. Veilchen sind lila.

die Limonade

Limonade ist ein sprudelndes, erfrischendes Getränk aus Fruchtsaft, Wasser und Zucker.

das Lineal

Ein **Lineal** ist ein Stück Holz oder Plastik, mit dem du gerade Linien zeichnen und abmessen kannst.

links

Links ist das Gegenteil von rechts. Dieses Mädchen will mit seinem Fahrrad nach links abbiegen und gibt ein Handzeichen.

die Lippe

Der Mund besteht aus der Ober- und der Unterlippe. Wenn du die **Lippen** hoch- oder herunterziehst, kann man deine Zähne sehen.

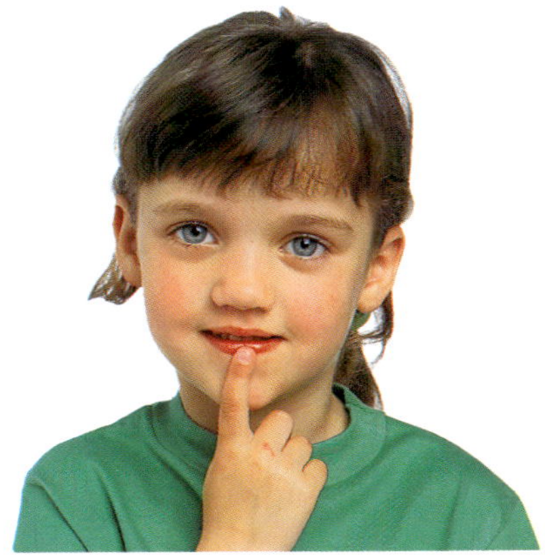

das Loch

Ein **Loch** entsteht, wenn etwas zerreißt oder durchbohrt wird.

der Löffel

Mit einem **Löffel** isst man flüssige oder weiche Nahrung wie Suppen, Jogurt und Brei.

der Löwe

Löwen sind große Raubkatzen und leben in Rudeln in Afrika. Männliche Löwen haben zottelige Mähnen.

der Löwenzahn

Aus dem gelben **Löwenzahn** wird im Sommer eine weiße Pusteblume. Junge Blätter kann man als Salat essen.

der Luftballon

Ein **Luftballon** ist ein dünner Gummisack, den man mit Luft oder Gas aufblasen kann. Luftballons gibt es in vielen Farben und Formen.

die Luftpumpe

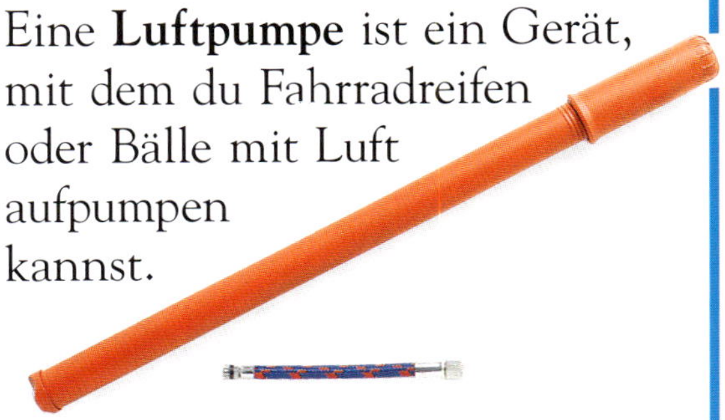

Eine **Luftpumpe** ist ein Gerät, mit dem du Fahrradreifen oder Bälle mit Luft aufpumpen kannst.

die Lunge

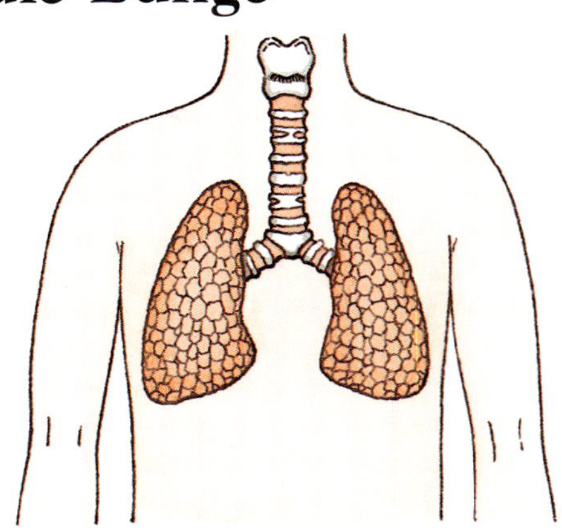

Die **Lunge** sitzt in der Brust. Mit den zwei Lungenflügeln rechts und links von der Luftröhre atmest du.

M

Mm*Mm*Mm*Mm*

das Mädchen
Ein **Mädchen** ist ein weibliches Kind.

der Magnet

Ein **Magnet** ist ein Stück Eisen oder Stahl, das andere Eisen- oder Stahlstücke anzieht.

die Mahlzeit
Eine **Mahlzeit** besteht aus verschiedenen Speisen, die in der Küche zubereitet werden.

der Maler

Ein **Maler** ist ein Künstler, der mit Farben Bilder schafft. Viele Maler benutzen eine Staffelei, auf der sie das Papier oder die Leinwand aufstellen, und eine Palette, auf der sie die Farben mischen.

der Malkasten
Ein **Malkasten** enthält verschiedene Farben. Mit Farben, Pinsel und Wasser kann man bunte Bilder malen.

der Mann
Ein **Mann** ist ein erwachsener Junge.

die Mannschaft

Eine **Mannschaft** ist eine Gruppe von Menschen, die zusammen arbeiten oder spielen. Im Sport treten häufig zwei Mannschaften gegeneinander an. Es ist wichtig, dass alle Mitglieder einer Mannschaft gut zusammenhalten.

der Mantel

Ein **Mantel** ist ein warmes Kleidungsstück, das man nur draußen trägt. Ein Mantel hat immer lange Ärmel.

der Marienkäfer

Ein **Marienkäfer** ist ein Insekt. Der nützliche Käfer ernährt sich vor allem von Blattläusen und stellt sich bei Berührung oft tot.

die Marmelade

Marmelade ist ein süßer Brotaufstrich aus eingemachten Früchten.

die Maske

Hinter einer **Maske** kann man sein Gesicht verstecken. Du kannst dich mit einer Maske kostümieren. Manche Masken sind zum Fürchten.

die Marionette

Eine **Marionette** ist eine Puppe mit beweglichen Gliedern. Sie ist mit Fäden an einem Holzkreuz aufgehängt und kann damit bewegt werden. Der Puppenspieler führt die Puppe von oben und lässt sie laufen und tanzen. Oft spricht er auch für sie.

der Maulwurf

Maulwürfe fressen Insekten und können kaum sehen, dafür aber sehr gut tasten und riechen. Sie graben mit ihren Pfoten unterirdische Gänge.

der Markt

Auf dem **Markt** verkaufen die Händler ihre Waren an Ständen und Buden.

die Maschine

Eine **Maschine** ist ein technisches Gerät. Es besteht aus vielen Einzelteilen, die zusammen etwas bewirken. Die Rädchen im Uhrwerk bewegen die Zeiger.

die Maus

Mäuse sind Nagetiere und sehr anpassungsfähig. Sie leben fast überall auf der Welt.

die Mechanikerin

Mechaniker sind Handwerker und bauen oder reparieren Autos und andere Maschinen oder Geräte.

die Medizin

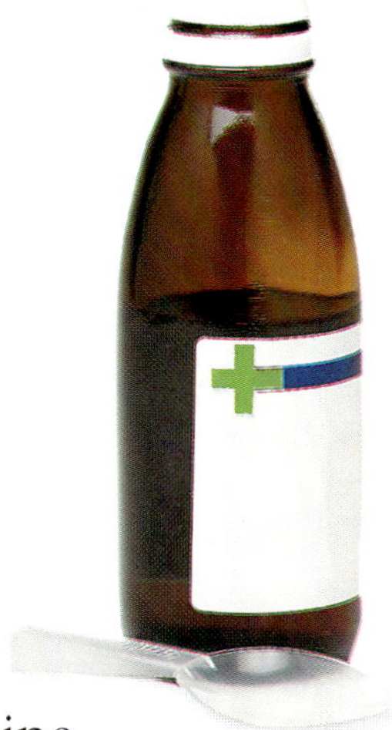

Wenn du krank bist, verschreibt dir der Arzt eine **Medizin** oder ein Medikament, damit du wieder gesund wirst. Die Medizin bekommst du in der Apotheke.

das Meer

Meere bedecken fast drei Viertel der Erdoberfläche mit Salzwasser. Auf den Meeren oder Ozeanen fahren Schiffe und in den Meeren leben viele Fische und andere Tiere.

das Meerschweinchen

Meerschweinchen sind Nagetiere und stammen aus Südamerika. Weil sie sehr zahm sind, werden sie gern als Haustiere gehalten.

das Mehl

Mehl wird durch das Mahlen von Getreidekörnern gewonnen. Es ist ein wichtiges Grundnahrungsmittel, denn aus Mehlteig backt man Brot und Kuchen und stellt Nudeln her.

der Mensch

Menschen sind die intelligentesten Lebewesen auf der Erde. Menschen können sehr verschieden aussehen und unterscheiden sich in Haut- und Haarfarbe voneinander.

messen

Wenn du etwas **misst,** dann weißt du, wie lang, breit oder hoch es ist. Der Junge misst die Größe des Mädchens.

das Messer

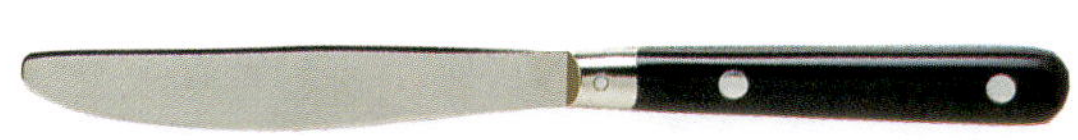

Ein **Messer** hat eine scharfe Klinge. Damit kann man feste Nahrung in kleine Stücke schneiden.

das Metall

Metall wie Kupfer, Eisen oder Zinn ist ein hartes Material. Es wird meistens aus metallhaltigem Gestein herausgeschmolzen.

der Metzger

Der **Metzger** schlachtete die Tiere früher selbst. Heute kauft er das Fleisch vom Schlachthof, verarbeitet es weiter und verkauft es in seinem Laden.

das Mikrofon

Ein **Mikrofon** ist ein technisches Hilfsmittel um den Klang von Stimmen oder Musikinstrumenten zu verstärken oder sie auf Tonband aufzunehmen.

das Mikroskop

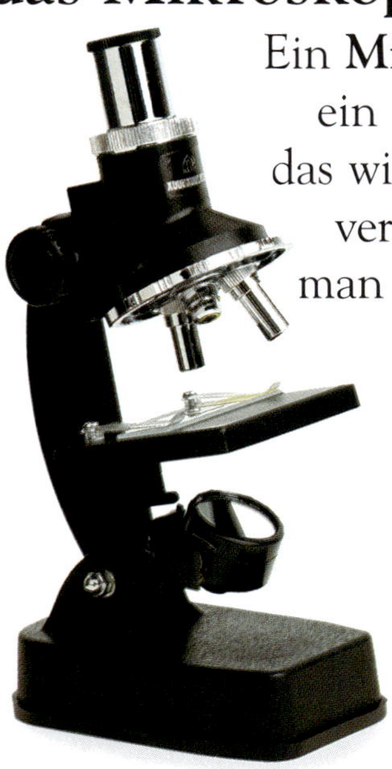

Ein **Mikroskop** ist ein Instrument, das winzige Dinge vergrößert, die man mit bloßem Auge nicht erkennen kann.

die Milch

Milch ist eine weiße Flüssigkeit, die alle weiblichen Säugetiere produzieren um ihre Babys zu ernähren. Viele Menschen trinken Kuhmilch.

das Mittagessen

Das **Mittagessen** ist die wichtigste Mahlzeit des Tages. Meistens besteht sie aus gekochten Speisen.

die Möbel

Tisch

Kommode

Bett

Stuhl

Mit **Möbeln** richten wir unsere Wohnungen und Häuser ein. Wir brauchen sie zum Sitzen, Schlafen, Arbeiten und zum Aufbewahren vieler Gegenstände.

die Mohnblume

Eine **Mohnblume** hat leuchtend rote Blütenblätter. Mohnsamen werden zum Backen verwendet.

die Möhre

Möhren sind Wurzelgemüse und wachsen in der Erde.

der Molch

Molche gehören zu den Amphibien. Diese Schwanzlurche leben im Wasser. Die vier einheimischen Molcharten stehen unter Naturschutz, weil die Menschen sie fast ausgerottet haben.

der Monat

Ein **Monat** ist ein Zeitraum von 28, 29, 30 oder 31 Tagen. Das Jahr hat zwölf Monate.

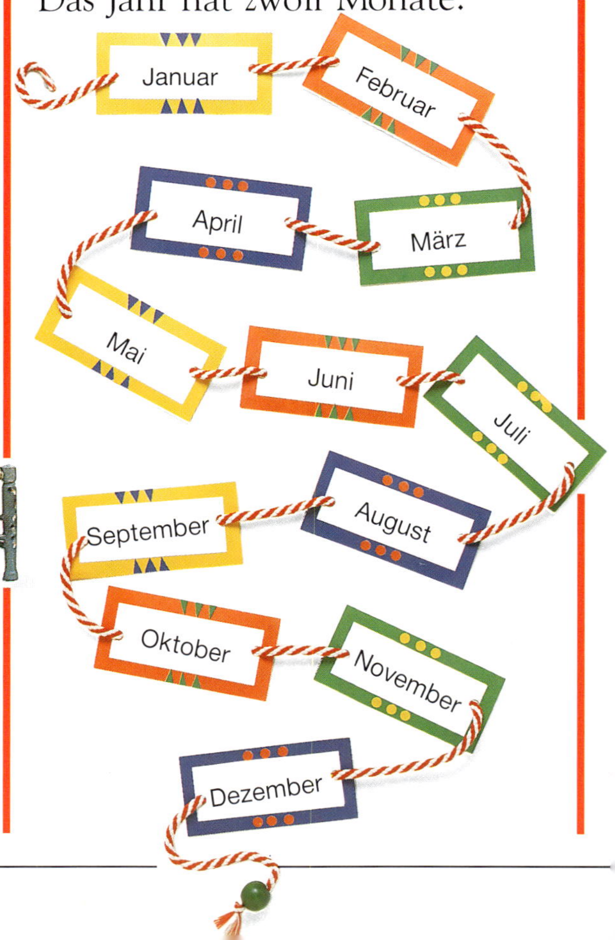

der Mond

Der **Mond** ist ein Satellit. Er kreist um die Erde und ist nachts oft zu sehen.

das Mosaik

Ein **Mosaik** ist ein Bild, das aus bunten Stein- oder Glasstücken zusammengesetzt ist.

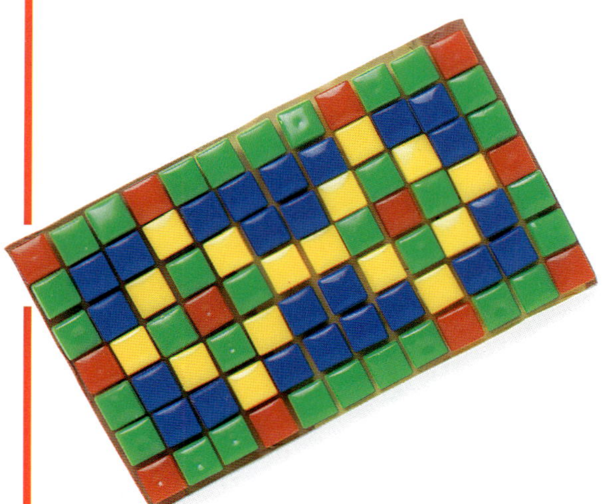

der Motor

Ein **Motor** ist eine Maschine, die etwas in Bewegung setzt und antreibt. Alle Autos haben Motoren.

das Motorrad

Ein **Motorrad** ist ein Fahrzeug mit zwei Rädern, zwei Sitzen und einem Motor. Die Teile des Motorrads ähneln den Autoteilen, sind aber kleiner. Jeder Motorradfahrer muss als Kopfschutz einen Helm tragen.

die Möwe

Möwen sind Vögel, die an Meeresküsten, Flüssen und Seen leben. Sie ernähren sich von Fischen und Abfällen. Sie haben Schwimmhäute zwischen den Zehen und können gut schwimmen.

müde

Wenn du **müde** bist, möchtest du dich ausruhen oder schlafen.

der Mund

Der **Mund** ist ein Teil des Gesichts. Du lachst, sprichst und isst damit.

die Muschel

Jakobsmuschel

Muscheln sind Weichtiere. Sie leben im Meer, in Seen und in Flüssen. Der weiche Körper in der harten Schale ist bei vielen Muscheln essbar.

das Museum

Ein **Museum** ist ein Gebäude, wo du interessante alte Dinge oder Kunstgegenstände wie Bilder und Plastiken betrachten kannst. In manchen Museen kann man selbst Experimente machen und so herausfinden, wie Dinge funktionieren. Es gibt auch Museen mit besonderen Sammlungen, zum Beispiel Museen für Teddybären, Uhren, Modelleisenbahnen und Puppen.

die Musik

Die **Musik** oder Tonkunst ordnet die Töne, die entstehen, wenn Menschen singen oder Instrumente spielen. Mit Noten kann man Musik aufschreiben. Dann können andere sie nachsingen und nachspielen.

die Musikerin

Musiker können ein Instrument spielen und so Musik für sich und andere machen.

das Musikinstrument

Mit einem **Musikinstrument** kann man Töne erzeugen. Außer Blas-, Streich-, Zupf- und Schlaginstrumenten gibt es auch Tasteninstrumente.

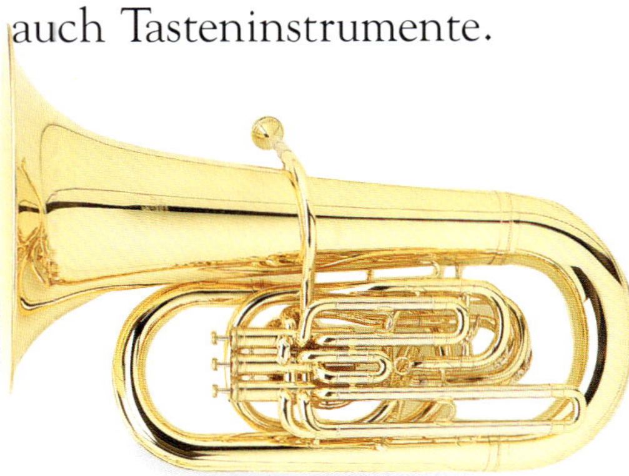

der Muskel

Die **Muskeln** in deinem Körper sorgen dafür, dass du dich bewegen und anstrengende Dinge tun kannst. Manche Muskeln wie das Herz arbeiten, ohne dass du es merkst.

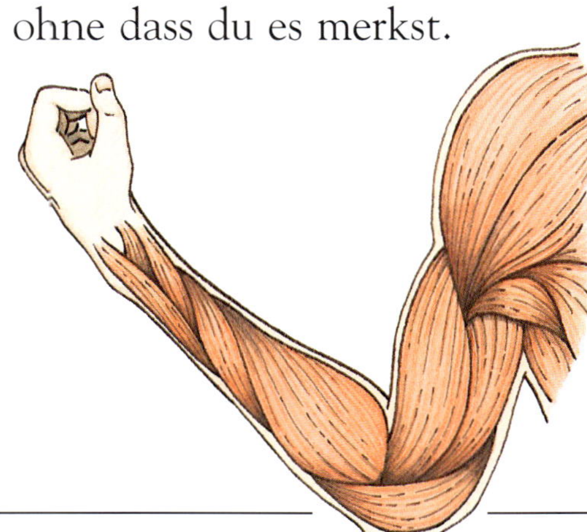

N

Nn *Nn* Nn *Nn*

die Nacht

In der **Nacht** ist es draußen dunkel. Wenn es Abend wird, beginnt die Nacht. Sie endet, wenn der Morgen kommt und es wieder hell wird.

der Nachtisch

Nachtisch ist eine süße Speise, die nach dem Hauptgericht gegessen wird.

die Nadel

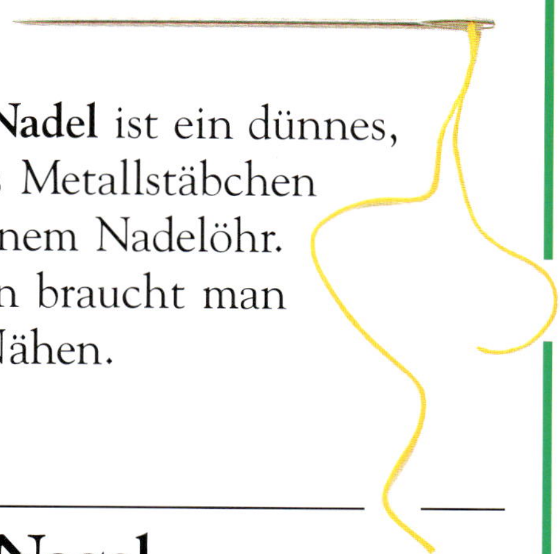

Eine **Nadel** ist ein dünnes, spitzes Metallstäbchen mit einem Nadelöhr. Nadeln braucht man zum Nähen.

der Nagel

Ein **Nagel** ist ein Metallstift mit einem Kopf. Mit Nägeln werden Holzteile zusammengefügt.

nähen

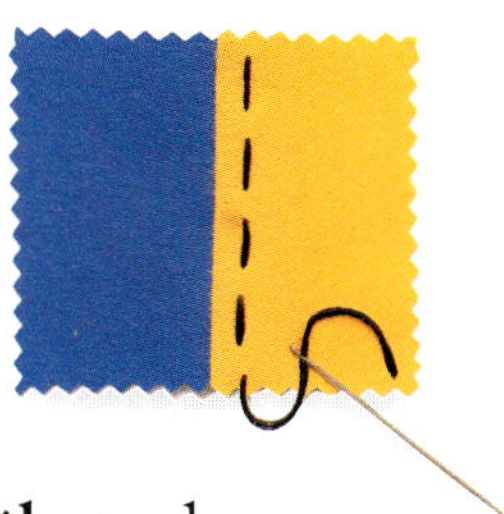

Wenn du **nähst,** dann verbindest du zwei Stoffteile mit Nadel und Faden. Wer nicht mit der Hand nähen will, braucht eine Nähmaschine.

die Nahrungsmittel

Wir essen **Nahrungsmittel,** damit wir gesund und kräftig bleiben. Brot, Fleisch und Butter sind Grundnahrungsmittel. Gemüse und Obst sind wichtig wegen der Vitamine.

die Narzisse

Eine **Narzisse** ist eine gelbe Frühlingsblume und wächst aus einer Zwiebel. Sie heißt auch Osterglocke.

die Nase

Die **Nase** ist ein Teil des Gesichts. Du atmest und riechst durch die Nase.

das Nashorn

Nashörner sind Säugetiere. Sie leben in Afrika und Asien und haben eine faltige Panzerhaut. Die Hörner auf ihrer Nase können über einen Meter lang werden.

nass

Nass ist das Gegenteil von trocken. Der Hund ist nass vom Regen.

der Nebel

Nebel besteht aus tief hängenden Wolken und behindert die Sicht.

die Nelke

Eine **Nelke** ist eine stark duftende Blume mit vielen gekrausten Blütenblättern.

das Nest

Ein **Nest** wird von Vögeln gebaut, damit sie ihre Eier hineinlegen können. Manche Tiere schlafen auch in Nestern.

das Netz

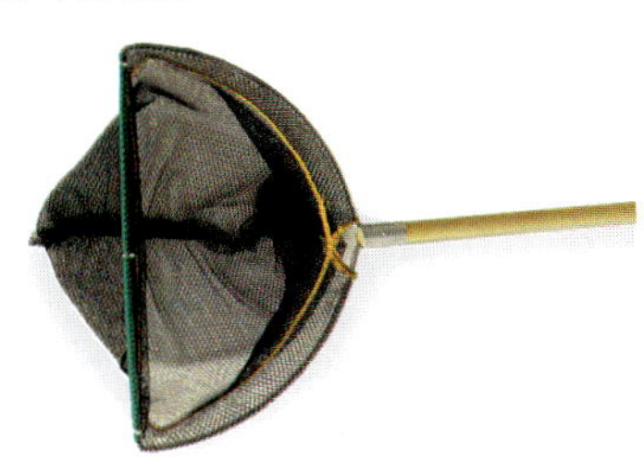

Ein **Netz** besteht aus einem weitmaschigen Stoff. Mit einem Netz kann man Fische fangen.

neu

Neu ist das Gegenteil von alt. Neue Sachen wurden gerade hergestellt und haben noch niemandem vorher gehört.

neun

Die **Neun** ist die Zahl nach der Acht und vor der Zehn.

die Null

Die **Null** ist die Zahl, die vor der Eins kommt.

die Nuss

Nüsse sind Früchte und Samen mit einer harten Schale. Nur das Innere kann man essen. Am bekanntesten bei uns sind Wal- und Haselnüsse.

O

Oo *Oo* Oo Oo

die Oase

Oasen sind die wenigen Stellen in Wüsten, wo es Quellen und somit Wasser gibt. Dort können Pflanzen, Tiere und Menschen leben.

oben

Oben ist das Gegenteil von unten. Dieser Heißluftballon schwebt hoch oben zwischen den Wolken.

der Oberschenkel

Der **Oberschenkel** ist der Körperteil zwischen Hüfte und Knie.

das Obst

Obst sind essbare Früchte von Bäumen und Sträuchern. Obst schmeckt süß oder sauer und enthält viele gesunde Vitamine.

offen

Offen ist das Gegenteil von geschlossen. Die Tür steht offen, sie ist nicht zu.

das Ohr

Die zwei **Ohren** sitzen am Kopf. Damit kannst du hören.

das Öl

Öl ist eine fettige Flüssigkeit. Erdöl gehört zu den wichtigsten Rohstoffen der Erde.

die Oper

Eine **Oper** ist ein Theaterstück, in dem der Text gesungen wird. Das Orchester spielt dazu.

der Optiker

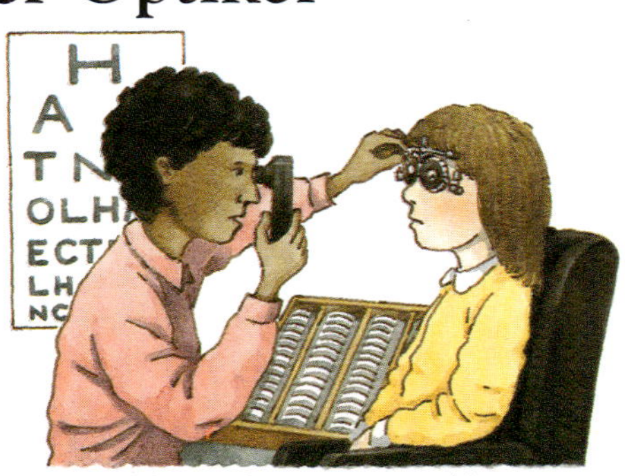

Ein **Optiker** fertigt Brillen für Menschen an, die nicht gut sehen können.

orange

Orange ist eine Farbe. Sie entsteht durch Mischen von Rot mit Gelb. Apfelsinen sind orange.

der Orang-Utan

Orang-Utans sind große Menschenaffen mit rötlichem Fell. Sie leben in den Regenwäldern Südostasiens.

das Orchester

Ein **Orchester** besteht aus einer Gruppe von Musikern und Musikerinnen, die verschiedene Instrumente spielen.

die Orgel

Eine **Orgel** ist ein großes Musikinstrument mit Tasten, Pedalen und vielen verschieden langen Pfeifen. Orgeln stehen oft in Kirchen.

der Otter

Otter sind Raubtiere und mit den Mardern verwandt. Sie haben ein wasserundurchlässiges Fell und können ihre Ohren verschließen. Zwischen den Zehen der Füße haben sie Schwimmhäute. Sie leben in Uferhöhlen und fangen ihre Nahrung im Wasser.

oval

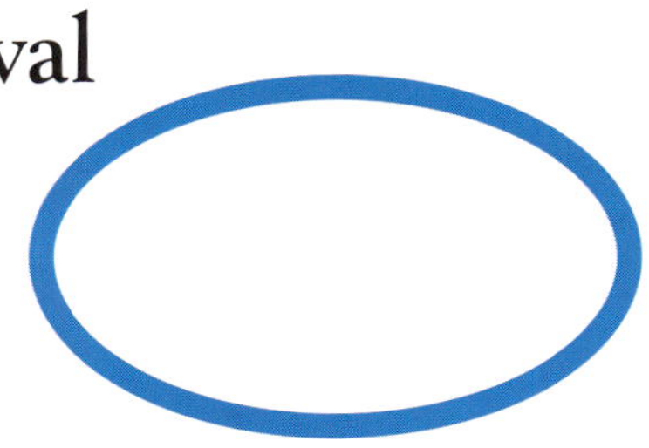

Ein **Oval** ist eine länglich runde Form. Eier sind oval.

P

Pp *Pp* Pp *Pp*

das Paar

Ein **Paar** besteht aus zwei Dingen, die zusammengehören. Schuhe oder Socken gibt es nur als Paar.

das Paddel

Ein **Paddel** ist ein Ruder, mit dem man kleine Wasserfahrzeuge wie Kanus bewegt und steuert. Das Paddel ist nicht am Boot befestigt und hat oft an beiden Enden ein Schaufelblatt.

das Paket

Ein **Paket** ist ein großer, verschnürter Karton. Die Post befördert Pakete.

die Palme

Eine **Palme** ist ein Baum. Sie wächst in heißen Ländern. Die großen, geschlitzten Blätter heißen Palmwedel. Sie werden oft als Sonnenschutz verwendet. Manchmal werden auch Hütten mit ihnen bedeckt. Es gibt 2800 Arten, zum Beispiel Kokospalmen und Dattelpalmen.

die Pampelmuse

Die **Pampelmuse** ist eine große, gelbe Zitrusfrucht und wächst in tropischen Ländern. Sie ist sehr saftig und schmeckt etwas bitter.

der Panda

Pandas sind mit den Bären verwandt und leben in China. Sie ernähren sich von Bambussprossen. Weil sie zu den bedrohten Tierarten gehören, werden sie geschützt.

der Papagei

Papageien sind bunt gefiederte Vögel. Sie leben in tropischen Ländern. Mit ihrem stark gebogenen Schnabel können sie sogar Nüsse knacken. Manche Papageien können Wörter nachsprechen.

das Papier

Papier ist ein Material, das aus Holz hergestellt wird. Man kann darauf schreiben und malen und es sogar bedrucken.

das Parfüm

Parfüm ist eine wohlriechende Flüssigkeit mit pflanzlichen oder tierischen Duftstoffen. Man benutzt es um angenehm zu duften.

der Park

Ein **Park** ist eine Grünanlage in der Stadt, wo Leute spazieren gehen und sich erholen können.

der Patient

Ein **Patient** ist ein Kranker oder Verletzter, der ärztliche Hilfe oder Pflege braucht.

der Pelikan

Pelikane sind große Schwimmvögel mit einem dehnbaren Hautsack unter dem Schnabel. Damit fangen sie Fische wie mit einem Netz. Sie leben in warmen Gebieten in großen Gruppen zusammen.

der Penis

Der **Penis** ist ein Teil der männlichen Geschlechtsorgane. Er wird auch Glied genannt.

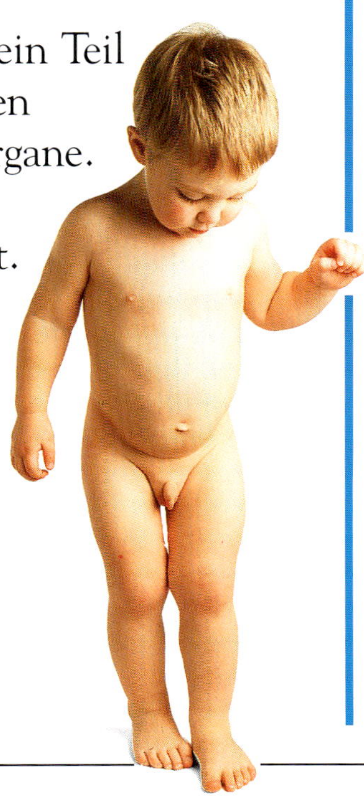

die Perle

Eine **Perle** ist ein kostbares Kügelchen aus Perlmutt, das sich in Muscheln bildet.

der Pfau

Pfauen sind Waldvögel und stammen aus Indien. Mit seinen langen, bunten Schwanzfedern kann das Männchen ein Rad schlagen. Bei uns leben Pfauen als Ziervögel.

der Pfeffer

Pfeffer ist ein Gewürz aus ganzen oder gemahlenen Pfefferkörnern. Damit schmeckt ein Gericht schärfer.

der Pfeil

Ein **Pfeil** zeigt eine Richtung an.

das Pferd

Pferde sind große Haustiere und gehörten früher zu den Helfern des Menschen. Heute werden sie vor allem als Reit- und Rennpferde gehalten. Ein weibliches Pferd heißt Stute, ein männliches Hengst und ein junges Pferd Fohlen.

der Pfirsich

Pfirsiche gehören zum Steinobst und schmecken süß. Sie sind saftig und haben eine samtweiche Haut.

die Pflanze

Pflanzen sind Lebewesen, die in der Erde wurzeln oder im Wasser schwimmen. Viele Pflanzen sind essbar.

die Pflaume

Pflaumen sind Steinobst und wachsen an Bäumen. Eine Art heißt Zwetschgen. Mirabellen sind eine gelbe Pflaumenart.

die Pfote

Eine **Pfote** ist ein Tierfuß mit Zehen. Katzen und Hunde zum Beispiel haben Pfoten.

die Pfütze

Eine **Pfütze** ist eine Ansammlung von Wasser. Wenn Wasser bei Regen auf Straßen oder fester Erde nicht ablaufen kann, entstehen oft Pfützen.

das Picknick

Ein **Picknick** ist eine Mahlzeit im Freien, zum Beispiel auf einer Wiese. In einem Picknickkorb werden das Geschirr und das Essen transportiert. Im Sommer machen viele Menschen gern Picknick.

der Pilot

Ein **Pilot** steuert ein Flugzeug. Er lässt es starten und landen und lenkt es während des Fluges. Der Kopilot sitzt neben ihm und hilft ihm dabei.

der Pilz

Pilze gehören zu den Pflanzen. Es gibt essbare und giftige Pilze. Champignons sind essbar und werden gezüchtet.

der Pinguin

Pinguine sind Meeresvögel und leben am Südpol. Sie können hervorragend schwimmen und tauchen, aber nicht fliegen. Im Meer jagen sie nach Fischen und kleinen Krebsen.

der Planet

Ein **Planet** ist eine riesige Kugel aus Gestein, Metall oder Gas und Eis, die sich um die Sonne dreht. In unserem Sonnensystem gibt es neun Planeten.

Plastik

Plastik oder Kunststoff ist ein Material und wird in Fabriken hergestellt. Viele Gegenstände unseres Alltags sind aus Plastik. Dieses aufblasbare Spielzeug besteht aus Plastik.

der Polizist

Ein **Polizist** sorgt dafür, dass die Vorschriften und Gesetze eingehalten werden.

das Pony

Ein **Pony** ist ein kleines Pferd.

die Post

In der **Post** kannst du Briefmarken kaufen und Briefe, Postkarten oder Pakete verschicken. Schalterkräfte bedienen die Leute und andere Angestellte sorgen dafür, dass die Post befördert wird.

der Preis

Der **Preis** einer Ware ist der Geldbetrag, den man dafür bezahlen muss. Er steht auf dem Preisschild.

der Preis

Ein **Preis** ist ein Pokal, eine Urkunde, eine Geldsumme oder ein wertvoller Gegenstand und wird bei einem Wettbewerb oder Turnier gewonnen. Bei einem sportlichen Wettkampf bekommen die Sieger außerdem eine Medaille oder eine Rosette, damit jeder sieht, dass sie gewonnen haben.

der Prinz
die Prinzessin

Prinzen und **Prinzessinnen** heißen die Kinder eines Königspaares. Heute ziehen sie sich genauso an wie andere Leute und manche erlernen auch einen Beruf.

der Propeller

Ein **Propeller** besteht aus einer Metallschraube mit Flügeln, die von einem Motor angetrieben wird und sich schnell dreht. Schiffe oder Flugzeuge haben Propeller.

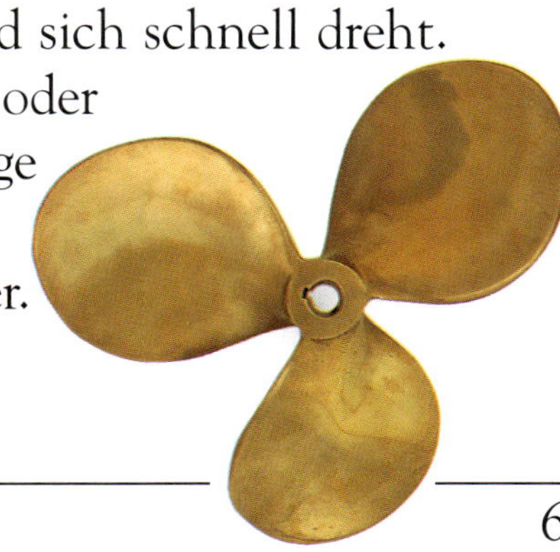

das Publikum

Ein **Publikum** sind Menschen, die aufmerksam zuschauen oder zuhören, etwa bei einem Theaterstück oder einem Konzert.

der Pullover

Ein **Pullover** ist ein bequemes Kleidungsstück für den Oberkörper. Pullover werden aus Wolle, Baumwolle oder Kunstfasern gestrickt.

die Puppe

Eine **Puppe** ist ein Spielzeug. Puppen sind kleine Nachbildungen von Babys, Kindern oder Erwachsenen.

die Puppe

Eine **Puppe** ist eine Insektenlarve in einer Hülle. Insekten legen Eier. Aus den Eiern schlüpfen Larven, die auch Maden, Raupen oder Engerlinge genannt werden. Die Larven verwandeln sich in Puppen, aus denen später die fertigen Insekten schlüpfen.

das Puzzle

Ein **Puzzle** ist ein Spiel, bei dem viele kleine Einzelteile zu einem großen Bild zusammengefügt werden müssen.

die Pyramide

Eine **Pyramide** ist ein Gebäude mit einem quadratischen Grundriss und dreieckigen Seiten, die oben in einer Spitze zusammenkommen.

Q

Qq *Qq* Qq Qq

das Quadrat

Ein **Quadrat** ist eine Form mit vier rechten Winkeln und vier gleichen Seiten. Die Seiten eines Würfels sind quadratisch.

die Qualle

Quallen sind Meerestiere mit einem weichen Körper und langen Fangarmen. Sie haben keine Augen und keine Ohren, nur einen Mund.

R

Rr *Rr* Rr *Rr*

das Rad

Ein **Rad** ist rund und rollt. Mit Rädern kann man schwere Lasten leicht transportieren. Räder und Zahnräder sind wichtige Maschinenteile.

der Radiergummi

Mit einem **Radiergummi** kann man Bleistiftstriche ausradieren. Heute sind Radiergummis oft aus Kunststoff.

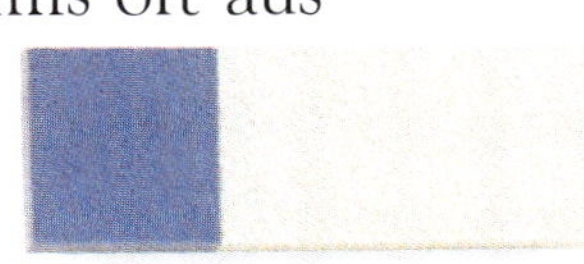

das Radio

Ein **Radio** ist ein Gerät, das mit einer Antenne Radiowellen empfangen und in Worte oder Musik verwandeln kann.

die Rakete

Eine **Rakete** ist ein Flugkörper aus Metall und sieht wie eine große Röhre aus. Durch Verbrennen von Treibstoff werden Gase erzeugt, die die Rakete antreiben. Sie kann Menschen in den Weltraum bringen.

der Rasen

Rasen ist eine mit Gras bewachsene Fläche, zum Beispiel im Garten. Man mäht Rasen mit dem Rasenmäher.

das Ratespiel

Bei einem **Ratespiel** müssen die Mitspieler viele Fragen beantworten.

die Ratte

Ratten sind Nagetiere. Sie kommen in großer Zahl überall auf der Welt vor, sind sehr anpassungsfähig und fressen fast alles.

das Raumschiff

Ein **Raumschiff** oder Raumfahrzeug wird von einer Rakete in den Weltraum gebracht. Dort bleibt es dann auf seinem Kurs. Es gibt zwei Arten von Raumfahrzeugen: Satelliten bleiben auf der Umlaufbahn um die Erde, Sonden fliegen weiter in den Weltraum hinaus.

Mit Sonden können auch entfernte Planeten erforscht werden.

die Raupe

Raupen sind die Larven der Schmetterlinge und schlüpfen aus den Eiern.

rechnen

Wenn du **rechnest,** hast du mit Zahlen zu tun. Es gibt vier Grundrechenarten: Addieren, Subtrahieren, Multiplizieren und Dividieren.

das Rechteck

Ein **Rechteck** ist eine Form und hat vier rechte Winkel und vier Seiten. Jeweils zwei Seiten sind gleich lang.

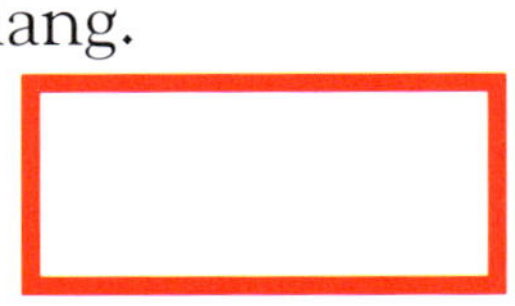

rechts

Rechts ist das Gegenteil von links. Dieses Mädchen auf dem Fahrrad will nach rechts abbiegen und gibt ein entsprechendes Handzeichen.

das Regal

Ein **Regal** ist ein Möbelstück mit einem oder mehreren Brettern.

der Regen

Regen nennt man die Wassertropfen, die von den Wolken am Himmel auf die Erde herunterfallen. So kehrt das Wasser zurück, das vorher vom Meer und vom Land verdunstet ist.

der Regenbogen

Ein **Regenbogen** entsteht, wenn die Sonne durch den Regen scheint. Dann gibt es einen Bogen aus sieben Farben: Rot, Orange, Gelb, Grün, Blau, Indigo (Dunkelblau) und Lila.

der Regenschirm

Ein **Regenschirm** ist ein aufklappbares Gestell, das mit wasserdichtem Stoff bespannt ist. Darunter bleibt man im Regen trocken.

der Regenwurm

Regenwürmer sind Ringelwürmer. Sie fressen abgestorbene Pflanzenteile. Sie lockern den Boden auf und düngen ihn.

die Reihe

Eine **Reihe** ist eine regelmäßige Folge von Personen oder Dingen.

der Reis

Reis ist ein Getreide und wird in tropischen Gebieten angebaut. Für ein Drittel der Menschen ist Reis das Hauptnahrungsmittel.

der Reißverschluss

Mit einem **Reißverschluss** kann man ein Kleidungsstück schließen, zum Beispiel einen Anorak.

reiten

Wenn du **reitest,** sitzt du auf einem Pferd oder einem anderen Reittier. Mit den Zügeln und Beinen sagst du ihm, wohin es laufen soll.

rennen

Wenn du **rennst,** läufst du sehr schnell.

der Rennwagen

Ein **Rennwagen** ist ein sehr schnelles Auto, mit dem Autorennen gefahren werden.

reparieren

Wenn du etwas **reparierst,** machst du es wieder heil.

das Reptil

Eidechse

Schlange

Reptilien sind Kriechtiere und passen ihre Körpertemperatur der Umgebung an. Die meisten Reptilien leben in tropischen Ländern und in Wüsten.

das Restaurant

Ein **Restaurant** ist eine Speisegaststätte, in der jeder essen kann und dafür bezahlen muss.

retten

Wenn man etwas **rettet,** dann bewahrt man es vor Gefahr oder Verletzung.

der Rettungswagen

Ein **Rettungswagen** ist ein Fahrzeug mit Blaulicht und Sirene, das kranke oder verletzte Menschen schnell ins Krankenhaus bringt.

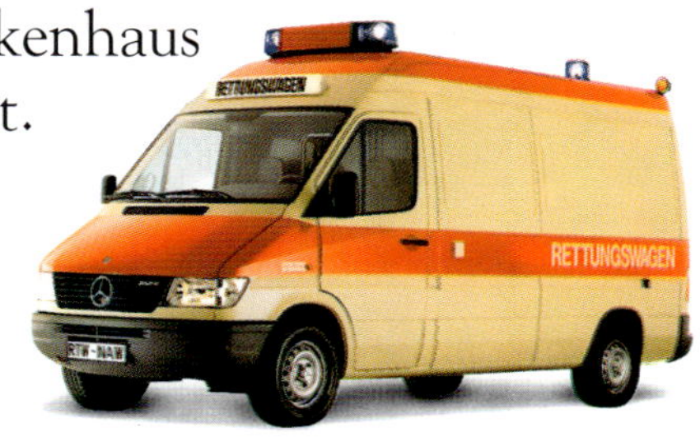

der Riese

Ein **Riese** ist eine Figur aus dem Märchen. Er ist sehr groß und stark.

die Riesenschlange

Riesenschlangen sind Reptilien und leben in den Tropen. Sie können bis zu 9 Meter lang werden, sind ungiftig und erwürgen ihre Beute.

der Ring

Ein **Ring** ist ein Schmuckstück und wird am Finger getragen.

der Ritter

Ein **Ritter** war im Mittelalter ein Krieger auf einem Pferd. Wenn er kämpfte, trug er eine schwere Rüstung.

die Robbe

Robben sind Meeressäugetiere und leben in kalten Meeren. Statt Armen und Beinen haben sie Flossen und können sehr gut schwimmen.

der Roboter

Ein **Roboter** ist eine Maschine, die elektronisch gesteuert wird. Viele Fabrikarbeiten werden von Robotern gemacht.

der Rock

Ein **Rock** ist ein Kleidungsstück für Mädchen und Frauen.

das Rohr

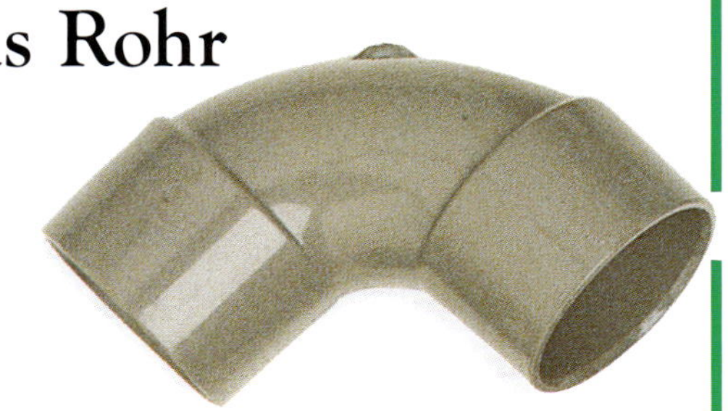

Ein **Rohr** ist eine hohle, runde Leitung aus Metall oder Plastik, durch die Flüssigkeit oder Gas geleitet werden kann.

der Roller

Ein **Roller** ist ein Kinderlaufrad mit zwei Rädern, einem Trittbrett und einer Lenkstange.

die Rollschuhe

Rollschuhe sind Sportgeräte mit jeweils vier Rollen, die an den Schuhen befestigt werden. Man kann sich mit ihnen rasch fortbewegen und Kunststücke vorführen.

der Rollstuhl

Ein **Rollstuhl** ist ein Stuhl auf vier Rädern. Wer Schwierigkeiten beim Laufen hat oder gelähmt ist, braucht einen Rollstuhl.

die Rolltreppe

Eine **Rolltreppe** führt von einem Stockwerk ins nächste. Diese Fahrtreppen mit beweglichen Treppenstufen gibt es vor allem in Kaufhäusern und Bahnhöfen.

die Röntgenstrahlen

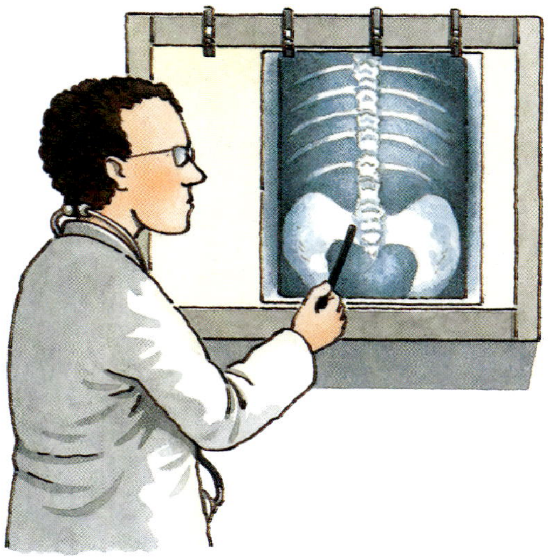

Mit **Röntgenstrahlen** kann ein Körper durchleuchtet werden. So können Ärzte sehen, ob es eine innere Krankheit gibt oder ob ein Knochen gebrochen ist.

die Rose

Eine **Rose** ist eine Blume mit vielen Blütenblättern und Stacheln am Stiel. Die meisten Rosen duften.

rot

Rot ist eine Farbe. Reife Erdbeeren sind rot.

der Rücken

Der **Rücken** ist ein Teil des Körpers und reicht vom Nacken bis zum Po.

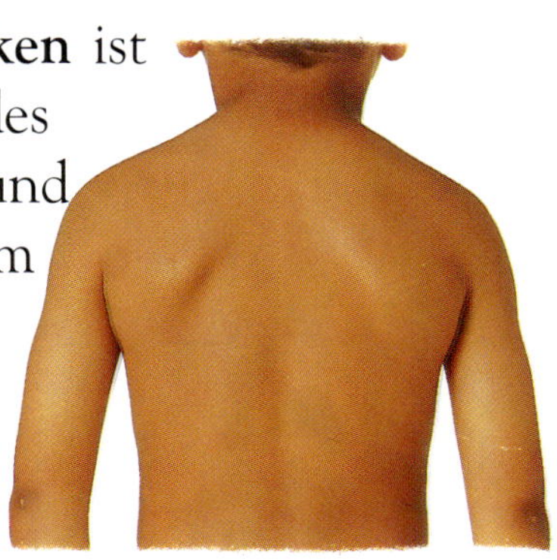

rund

Wenn etwas **rund** ist, dann hat es keine Ecken und Kanten. Bälle sind rund.

die Rüstung

Eine **Rüstung** ist ein Schutzanzug aus Metall, der alle Teile des Körpers bedeckt. Vor vielen Hundert Jahren trugen die Ritter im Kampf Rüstungen um sich vor Schwerthieben und Lanzenstichen zu schützen.

die Rutsche

Eine **Rutsche** ist ein Klettergerüst mit einer schrägen Gleitbahn.

S

Ss Ss Ss Ss

der Saft

Saft ist eine Flüssigkeit, die man aus Früchten gewinnt.

die Säge

Eine **Säge** ist ein Werkzeug aus Metall mit scharfen Zähnen und einem Griff. Man kann damit Holz oder Metall zerschneiden.

der Salat

Salat ist ein Blattgemüse und wird roh mit einer Salatsoße gegessen.

das Salz

Salz ist ein Mineral und wird aus Meerwasser oder aus Gestein gewonnen. Man kann damit Essen würzen und haltbar machen.

der Samen

Samen sind der Teil der Blütenpflanzen, mit dem sie sich vermehren. Samen haben unterschiedliche Formen.

der Sand

Sand besteht aus unzähligen winzigen Steinchen. An vielen Meeresufern gibt es Sandstrände. Dort kann man Sandburgen bauen.

das Sandwich

Sandwich nennt man zwei belegte, zusammengeklappte Weißbrotscheiben.

der Satellit

Ein **Satellit** ist ein Körper im Weltraum, der um einen anderen Körper kreist. Die Erde ist ein Satellit der Sonne. Künstliche Satelliten senden Informationen zur Erde.

der Sattel

Ein **Sattel** ist ein Ledersitz. Er wird auf dem Rücken des Reittiers festgeschnallt. Wenn man reitet, sitzt man darauf.

sauber

Sauber ist das Gegenteil von schmutzig. Der linke Stiefel ist sauber, der andere ist voller Dreck.

das Säugetier

Alle Tiere, deren Weibchen ihre Jungen mit Milch ernähren, sind **Säugetiere.** Auch die Menschen gehören dazu.

das Schach

Schach ist ein Brettspiel für zwei Personen.

die Schachtel

Eine **Schachtel** ist ein Behältnis aus Karton oder Pappe.

das Schaf

Schafe sind Haustiere, die wegen ihrer Milch, ihres Fleisches und ihrer Wolle gehalten werden. Das weibliche Schaf ist das Mutterschaf, das männliche der Schafbock und das Junge ein Lamm.

der Schal

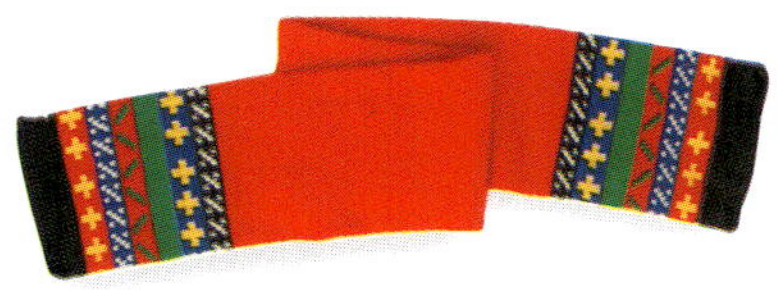

Ein **Schal** wird gewebt oder gestrickt und bei Kälte um den Hals gewickelt.

die Schale

Viele Früchte und Gemüsearten haben eine **Schale.** Auch Muscheln und Austern haben Schalen.

die Schallplatte

Eine **Schallplatte** ist eine flache Plastikscheibe, auf der Musik und andere Geräusche gespeichert sind. Mit einem Plattenspieler kann man Schallplatten abspielen.

scharf

Scharf ist das Gegenteil von stumpf. Mit der Spitze des Messers kann man stechen und mit der Klinge schneiden.

der Schatten

Ein **Schatten** wird sichtbar, wenn ein Körper beleuchtet wird. Wenn du dich bewegst, bewegt dein Schatten sich auch.

der Schatz

Ein **Schatz** besteht aus kostbaren Dingen wie Edelsteinen, Münzen, Gold und Silber und hat lange im Verborgenen gelegen. Manchmal haben seine Besitzer ihn aus Angst vor Räubern vergraben.

schauen

Wenn du **schaust,** siehst du dir etwas an.

die Schaukel

Eine **Schaukel** ist ein an zwei Seilen oder Ketten hängender Sitz. Man kann damit vorwärts und rückwärts schwingen.

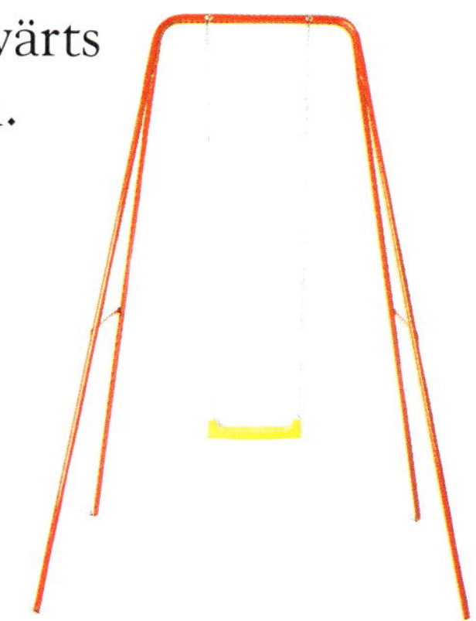

der Schauspieler

Ein **Schauspieler** spielt eine Rolle und tut so, als wäre er ein anderer Mensch. Man sieht Schauspieler auf der Theaterbühne, im Film und im Fernsehen.

die Scheide

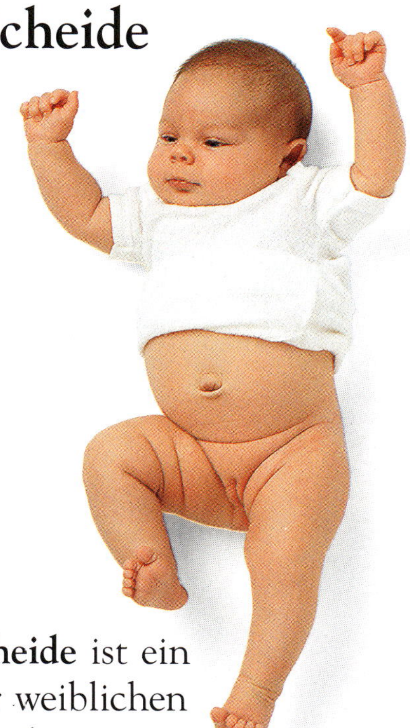

Die **Scheide** ist ein Teil der weiblichen Geschlechtsorgane. Sie heißt auch Vagina.

der Scheinwerfer

Fahrzeuge haben vorn und hinten **Scheinwerfer.** Das sind Lampen, die bei Dunkelheit die Straße beleuchten.

die Schere

Eine **Schere** ist ein Werkzeug mit zwei scharfen Schneiden. Mit einer Schere kann man etwas zerschneiden.

schieben

Wenn du etwas **schiebst,** drückst du es von dir weg.

das Schiff

Ein **Schiff** ist ein großes Wasserfahrzeug.
Auf Passagierschiffen können Menschen mitfahren, Lastschiffe transportieren Frachten.

die Schildkröte

Eine **Schildkröte** ist ein Reptil mit einem harten Panzer.
Es gibt Land- und Wasserschildkröten. Die größten leben im Wasser und wiegen bis zu 725 Kilogramm.

der Schimpanse

Schimpansen sind Menschenaffen und leben in Afrika in Familiengruppen. Sie sind in ihrem Verhalten den Menschen ähnlich und fressen Früchte und kleine Tiere.

der Schlafanzug

Ein **Schlafanzug** ist ein bequemes Kleidungsstück für die Nacht. Er besteht aus Hose und Oberteil. Bevor du ins Bett gehst, ziehst du ihn an. Manche Menschen haben nachts lieber ein Nachthemd an.

schlafen

Wenn du **schläfst,** machst du die Augen zu und ruhst dich aus. Manchmal hast du dann Träume.

die Schlange

Schlangen sind Reptilien. Es gibt etwa 2500 Schlangenarten, davon sind ungefähr 400 giftig. Giftschlangen spritzen ihr Gift durch zwei hohle Zähne im Oberkiefer in ihre Beutetiere.

der Schlepper

Ein **Schlepper** ist ein kleines Schiff mit einem sehr starken Motor. Er kann große Schiffe in den Hafen ziehen.

der Schlitten

Ein **Schlitten** ist ein Fahrzeug für den Winter. Er hat lange Kufen, mit denen er über den Schnee gleitet und nicht darin einsinkt.

Schlittschuh laufen

Wenn du **Schlittschuh läufst,** gleitest du auf Kufen unter deinen Stiefeln übers Eis.

das Schloss

Mit einem **Schloss** kann man Türen und Schubläden verschließen. Zu jedem Schloss gehört ein Schlüssel. Hier siehst du ein Vorhängeschloss.

das Schloss

Ein **Schloss** ist ein großes, prunkvolles Gebäude, in dem früher reiche und mächtige Leute lebten, zum Beispiel Könige.

der Schlüssel

Ein **Schlüssel** ist ein Gegenstand aus Metall, mit dem man Schlösser auf- und zuschließen kann.

schmelzen

Wenn etwas **schmilzt,** verändert es bei Wärme seine feste Form und wird flüssig.

der Schmetterling

Schmetterlinge sind Insekten mit meist gemusterten Flügeln. Sie kommen fast überall auf der Erde vor. Bisher kennt man ungefähr 150000 Arten.

schmutzig

Schmutzig ist das Gegenteil von sauber.

der Schnabel

Alle Vögel und Schildkröten haben **Schnäbel** aus Horn, mit denen sie die Nahrung ergreifen und zerteilen können. Es gibt viele verschiedene Schnabelformen.

die Schnecke

Schnecken sind Weichtiere. Nicht alle haben ein Haus. Die meisten Schnecken leben im Wasser.

der Schnee

Schnee fällt, wenn es kalt ist und das Wasser in den Wolken gefriert. Schneeflocken bestehen aus vielen Schneekristallen, fast jeder Kristall sieht anders aus. In kalten Gebieten und auf hohen Bergen liegt fast immer Schnee.

Aus Pappschnee kann man einen Schneemann bauen.

schneiden

Wenn du etwas **schneidest,** zum Beispiel Papier, benutzt du eine Schere oder ein Messer.

schnell

Schnell ist das Gegenteil von langsam. Dieser Kreisel dreht sich so schnell, dass man die Bilder darauf nicht mehr erkennen kann.

die Schnur

Eine **Schnur** ist ein starker, dicker Faden. Man braucht Schnur zum Beispiel, um ein Paket fest zu verpacken.

die Schokolade

Schokolade wird aus Kakao, Milch und Zucker hergestellt und ist süß.

der Schornstein

Ein **Schornstein** oder Kamin ist ein senkrechter Schacht im Haus, durch den Heizungsgase abziehen können.

der Schrank

Ein **Schrank** ist ein Möbelstück. Hinter den Türen sind Bretter, auf denen Dinge aufbewahrt werden.

die Schraube

Eine **Schraube** ist ein Metallstift mit Kopf und Gewinde.

die Schraubenmutter

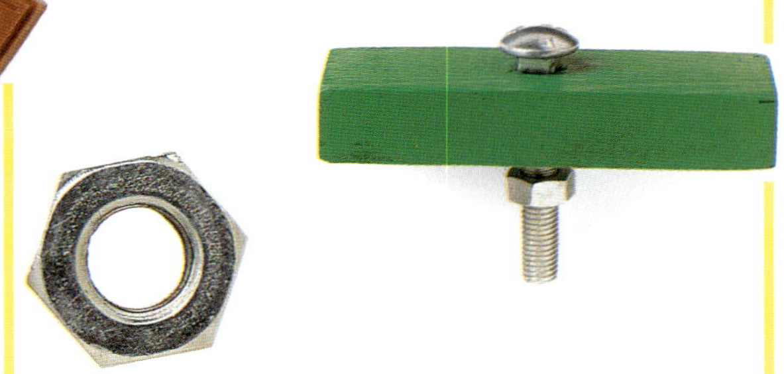

Eine **Schraubenmutter** ist ein Ring aus Metall, den man auf eine Schraube dreht.
Mit Schrauben und passenden Schraubenmuttern kann man Metall- oder Holzteile aneinander befestigen.

schreiben

Wenn du **schreibst,** dann benutzt du einen Stift oder eine Schreibmaschine. Du setzt die Buchstaben aneinander, sodass Wörter und Sätze entstehen.

die Schreibmaschine

Eine **Schreibmaschine** ist ein Gerät mit Tasten. Wenn du sie anschlägst, schreiben sie Buchstaben und Ziffern auf Papier.

der Schreibtisch

Ein **Schreibtisch** ist ein Möbelstück, an dem man Schreibarbeiten erledigt.

schreien

Wenn du **schreist,** rufst oder brüllst du laut.

die Schubkarre

Eine **Schubkarre** ist ein kleines Transportmittel für Sand, Steine oder Erde. Sie wird im Garten oder auf Baustellen verwendet.

der Schuh

Ein **Schuh** ist eine feste Fußbekleidung aus Leder oder Stoff. Er schützt den Fuß vor Steinen und Kälte.

die Schule

In die **Schule** gehst du um zu lernen. Deine Lehrer bringen dir Lesen, Schreiben, Rechnen und vieles mehr bei. Fast überall auf der Welt müssen die Kinder zur Schule gehen, aber meistens nicht so viele Jahre wie bei uns.

die Schultasche

In der **Schultasche** bewahren die Schüler ihre Schreibsachen, Hefte und Bücher auf.

die Schulter

Die **Schulter** ist der Körperteil zwischen Hals und Arm.

die Schuppe

Eine **Schuppe** ist eine harte, dünne Knochen- oder Hornplatte von einem Fisch oder Reptil. Dieser Fisch ist ganz mit Schuppen bedeckt.

die Schüssel

Eine **Schüssel** ist ein tiefes, rundes Behältnis aus Porzellan, Glas oder Kunststoff.

schütteln

Wenn du etwas **schüttelst,** bewegst du es schnell auf und ab oder hin und her.

der Schwan

Schwäne sind große, meist weiße Wasservögel mit kräftigen Flügeln und langem Hals. Sie leben auf Seen und Flüssen. Ihre Nahrung fischen sie mit dem Schnabel aus dem Wasser, indem sie Kopf und Hals eintauchen. Sie fressen vorwiegend Wasserpflanzen.

der Schwanz

Viele Tiere haben am Ende ihres Körpers einen beweglichen **Schwanz.** Hunde können mit dem Schwanz wedeln. Pferde haben einen Schweif aus einzelnen Haaren.

schwarz

Schwarz ist die dunkelste Farbe, das Gegenteil von Weiß. Raben sind schwarz.

das Schwein

Schweine gehören zu den Huftieren und sind Haustiere. Die männlichen Schweine heißen Eber, die weiblichen Sau und die Jungen sind die Ferkel. Unser Hausschwein stammt vom Wildschwein ab.

schwer

Schwer ist das Gegenteil von leicht. Man kann schwere Sachen nur mit Mühe tragen.

schwimmen

Wenn du **schwimmst,** wirst du vom Wasser getragen. Mit Schwimmbewegungen kannst du dich im Wasser fortbewegen.

sechs

Die **Sechs** ist die Zahl nach der Fünf und vor der Sieben.

der See

Ein **See** ist ein größeres Gewässer, das ringsum von Land umgeben ist.

das Schwert

Ein **Schwert** ist eine lange Metallklinge an einem Griff. Früher waren die Soldaten mit Schwertern bewaffnet.

das Seepferdchen

Seepferdchen sind eine Fischart und leben meistens in tropischen Gewässern. Sie kommen aber auch im Mittelmeer vor. Die Jungen kommen in einer Bruttasche des Männchens zur Welt. Ihren Namen haben sie wegen ihres pferdeähnlichen Kopfes.

der Seeräuber

Seeräuber oder Piraten überfallen fremde Schiffe und rauben sie aus.

die Seerose

Eine **Seerose** ist eine Wasserpflanze und wächst auf Teichen und Seen.

der Seestern

Seesterne sind Meerestiere. Sie leben auf dem Meeresboden.

das Segelboot

Ein **Segelboot** ist ein Wasserfahrzeug mit einem oder mehreren Segeln an den Masten. Es wird durch den Wind vorwärts getrieben.

die Seife

Seife ist ein Waschmittel. Seifenlauge löst Fett und Schmutz ab. Es gibt feste und flüssige Seifen.

das Seil

Ein **Seil** ist eine dicke, starke Schnur aus zusammengedrehten Fasern oder Draht.

seilspringen

Wenn du **seilspringst,** musst du das Seil an beiden Enden festhalten und über deinen Kopf schwingen.

die Seite

Eine **Seite** ist ein Blatt Papier in einem Heft oder Buch.

der Sessel

Ein **Sessel** ist ein gepolstertes Möbelstück mit Armlehnen für eine Person.

die Shorts

Shorts sind kurze Hosen. Man trägt sie vor allem im Sommer.

der Sicherheitsgurt

Ein **Sicherheitsgurt** ist ein festes Band, das du in einem Auto oder Flugzeug umschnallst, damit dir bei einem Unfall nichts passiert.

sieben

Die **Sieben** ist die Zahl nach der Sechs und vor der Acht.

das Silber

Silber ist ein Edelmetall, aus dem Schmuck, Besteck, Münzen und Instrumente für die Elektrotechnik hergestellt werden.

singen

Wenn du **singst,** machst du Musik mit deiner Stimme. Viele Menschen singen gern Lieder.

sinken

Wenn etwas **sinkt,** kann es nicht mehr schwimmen und geht unter.

sitzen

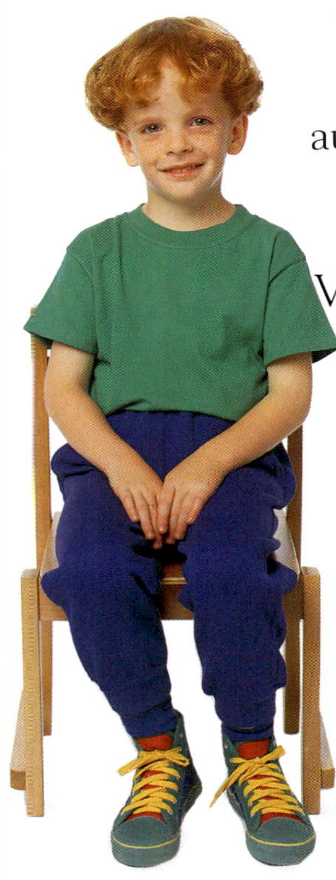

Wenn du **sitzt,** ruhst du dich auf einem Stuhl oder auf dem Boden aus. Viele Menschen arbeiten im Sitzen an einem Schreibtisch.

das Skateboard

Ein **Skateboard** ist ein Sportgerät. Es ist ein Brett auf vier Rädern.

das Skelett

Ein **Skelett** ist das Knochengerüst, das den Körpern vieler Lebewesen Halt gibt. Auch dein Körper wird von einem Skelett und von Muskeln gestützt und gehalten.

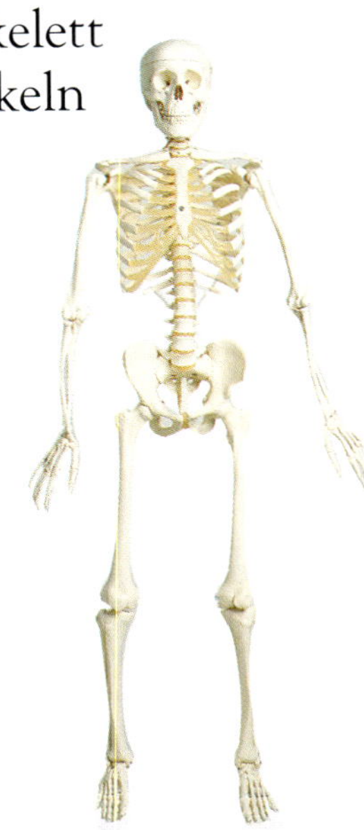

Ski fahren

Wenn du **Ski fährst,** hast du zwei lange Bretter unter den Füßen, die verhindern, dass du im Schnee einsinkst. So kannst du dich schnell auf dem Schnee vorwärts bewegen.

der Skorpion

Skorpione sind mit den Spinnentieren verwandt und haben einen giftigen Stachel am Schwanzende. Sie kommen nur in warmen Ländern vor.

die Socke

Socken sind eine weiche Bekleidung für deine Füße. Darüber zieht man Schuhe an. Socken sind kürzer als Strümpfe.

das Sofa

Ein **Sofa** ist ein langes, gepolstertes Sitzmöbel mit Rücken- und Armlehnen. Zwei oder drei Leute finden darauf Platz.

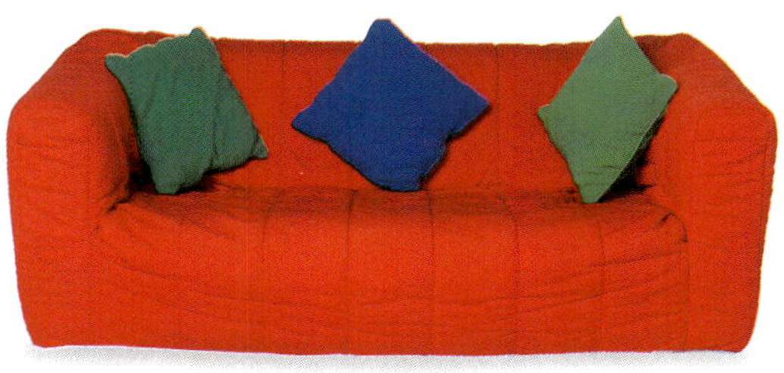

die Sonne

Die **Sonne** ist ein riesiger Stern, von dem die Erde Wärme und Licht bekommt.

die Sonnenbrille

Eine **Sonnenbrille** schützt mit ihren dunklen Gläsern die Augen vor zu viel Sonne und Licht.

der Spaten

Ein **Spaten** ist ein Gartenwerkzeug, mit dem die Erde umgegraben oder ausgehoben wird.

der Spatz

Spatzen sind Singvögel und fast auf der ganzen Welt weit verbreitet. Sie heißen auch Sperlinge.

der Spiegel

Ein **Spiegel** ist eine Glasfläche mit beschichteter Rückseite. Deshalb kannst du dich darin sehen.

spielen

Wenn du **spielst,** beschäftigst du dich mit Dingen, die Spaß machen.

das Spielzeug

Ein **Spielzeug** ist ein Gegenstand, mit dem du spielen kannst. Puppen und Bausteine sind Spielzeuge.

die Spinne

Spinnen sind keine Insekten, denn sie haben acht Beine. Sie spinnen dünne Fäden und bauen damit Netze.

das Spinnennetz

In ihren **Spinnennetzen** fangen die Spinnen ihre Beutetiere, zum Beispiel Fliegen und andere Insekten.

spitz

Spitz ist das Gegenteil von stumpf. Gespitzte Bleistifte, Buntstifte, Nägel, Schrauben und Nadeln sind sehr spitz.

der Spitzer

Ein **Spitzer** ist ein kleines Gerät mit einer Klinge. Du brauchst ihn zum Anspitzen von Bleistiften und Buntstiften.

der Springbrunnen

Bei einem **Springbrunnen** sprudelt das Wasser erst hoch in die Luft und fällt dann hinunter in ein Becken.

der Sport

Sport sind Spiele oder Übungen, bei denen der Körper gekräftigt wird. Es gibt verschiedene Sportarten wie Schwimmen, Laufen oder Handball.

die Sportlerin

Sportlerinnen betreiben eine oder mehrere Sportarten, zum Beispiel Laufen, Tennis oder Fußball. Sie nehmen an Wettkämpfen und Turnieren teil.

springen

Wenn du **springst,** sind deine beiden Füße in der Luft.

die Spritze

Die **Spritze** ist ein medizinisches Gerät mit einer Hohlnadel. Durch diese fließt ein flüssiges Medikament direkt in deinen Körper.

der Staat

Ein Land und ein Volk mit einer eigenen Regierung und eigenen Gesetzen nennt man einen **Staat.**

der Stachel

Ein **Stachel** ist spitz und lang. Du kannst dich an ihm piksen.

das Stachelschwein

Stachelschweine sind Nagetiere mit spitzen, langen Stacheln.

die Stadt

Eine **Stadt** ist eine große Ortschaft mit Wohnhäusern, Geschäften, Schulen und Fabriken. Dort wohnen und arbeiten viele Menschen.

die Staffelei

Eine **Staffelei** ist ein Gestell für den Zeichenblock oder die Leinwand, auf die du ein Bild malen willst.

der Stall

In einem **Stall** leben Tiere auf dem Bauernhof.

der Stängel

Ein **Stängel** ist der Teil einer Pflanze, an dem die Blätter und Blüten wachsen.

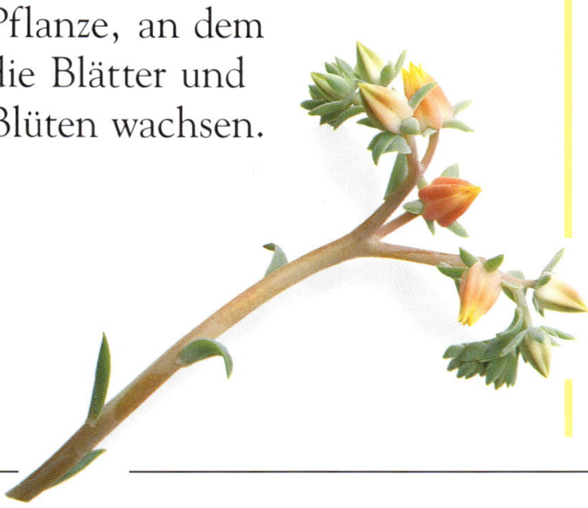

die Startbahn

Eine **Startbahn** ist der Teil des Rollfeldes, wo Flugzeuge starten können.

der Staubsauger

Ein **Staubsauger** ist ein elektrisches Haushaltsgerät, mit dem Teppiche und Fußböden gereinigt werden.

die Staumauer

Eine **Staumauer** ist eine Mauer, die quer durch einen Fluss gebaut wird um das Wasser dahinter zu stauen.

die Stechmücke

Stechmücken sind Insekten und weltweit verbreitet. Nur die weiblichen Stechmücken stechen und saugen Blut.

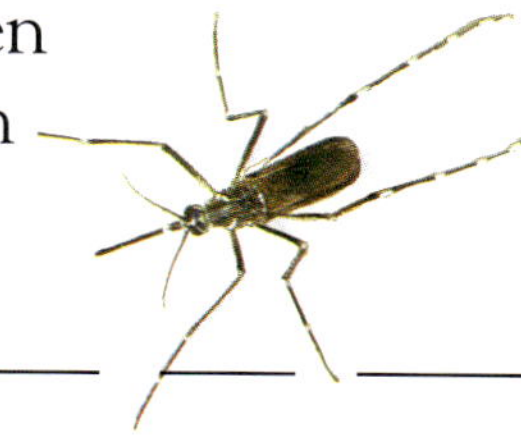

stehen

Wenn du **stehst,** hältst du dich aufrecht auf den Beinen. Du stehst auf deinen Füßen. Dieser Junge steht neben dem Stuhl.

der Stein

Ein **Stein** ist ein fester Körper aus sehr hartem Material. Er besteht meistens aus verschiedenen Mineralien.

der Steinbruch

Ein **Steinbruch** ist ein Gelände, auf dem Steine aus dem Felsen gehauen werden, die man zum Bauen braucht.

der Stern

Sterne sieht man nachts am Himmel leuchten. Sie sehen winzig aus, weil sie so weit entfernt von uns sind.

die Stirn

Die **Stirn** ist der obere Teil des Gesichts zwischen den Haaren und den Augenbrauen.

die Stoppuhr

Mit einer **Stoppuhr** kann man messen, wie lange etwas dauert, zum Beispiel, wie schnell jemand eine bestimmte Strecke läuft.

der Strand

Ein **Strand** ist ein flacher Streifen Land entlang der Meeresküste. Meist ist er von Sand oder Kieselsteinen bedeckt.

die Straße

Eine **Straße** ist ein glatter Asphaltweg für Autos, Fahrräder und Lastwagen. Eine Autobahn ist eine mehrspurige Straße.

die Straßenbahn

Eine **Straßenbahn** ist ein elektrisch betriebenes Schienenfahrzeug, mit dem viele Menschen in einer Stadt von einem Stadtteil zum anderen fahren können.

der Strauß

Strauße sind die größten lebenden Vögel. Sie können über zwei Meter hoch werden. Sie können nicht fliegen, aber sehr schnell laufen.

das Streichholz

Ein **Streichholz** ist ein Holzstäbchen mit einem Kopf aus Schwefel. Damit kann man Feuer machen.

stricken

Zum **Stricken** brauchst du Garn aus Wolle oder einem anderen Material und Stricknadeln.

die Strumpfhose

Eine **Strumpfhose** ist ein Kleidungsstück für Füße und Beine. Strumpfhosen für Kinder bestehen aus einem festen Material, Strumpfhosen für Frauen aus einem dünnen Seidengarn. Es gibt Strumpfhosen in vielen verschiedenen Farben.

das Stück

Ein **Stück** ist ein abgetrenntes Teil von einem Ganzen. Von dem Kuchen sind zwei Stücke abgeschnitten.

der Stuhl

Ein **Stuhl** ist ein Möbelstück, auf dem eine Person sitzen kann. Manche Stühle haben eine gepolsterte Sitzfläche.

der Supermarkt

Ein **Supermarkt** ist ein großer Laden, in dem man außer verschiedenen Nahrungsmitteln auch andere Waren kaufen kann.

T

Tt *Tt* Tt *Tt*

das Tablett

Ein **Tablett** ist ein Brett aus festem Material, auf dem man Geschirr und Speisen tragen kann.

der Tag

morgens

nachmittags

abends

nachts

Ein **Tag** hat 24 Stunden. Sie verteilen sich auf den Morgen, den Nachmittag, den Abend und die Nacht.

das Tagebuch

In einem **Tagebuch** schreibst du auf, was du an jedem Tag erlebt hast. Manche Tagebücher kann man abschließen.

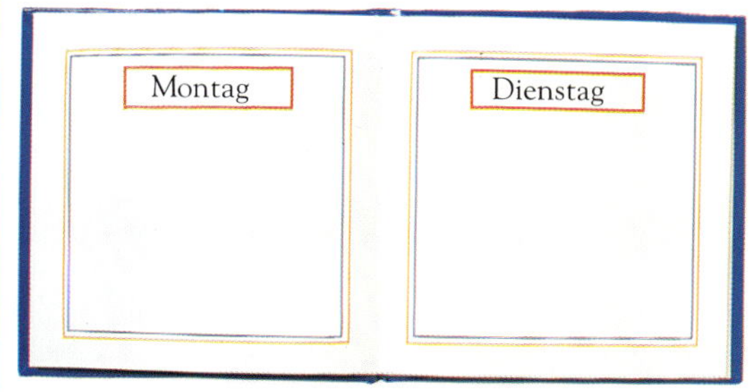

das Tal

Ein **Tal** ist ein Einschnitt in der Landschaft, der im Laufe einer langen Zeit von Wasser oder Eis gegraben wurde.

das Tamburin

Ein **Tamburin** ist ein Musikinstrument mit Schellen.

tanzen

Wenn du deinen Körper zur Musik bewegst, **tanzt** du.

der Taschenrechner

Ein **Taschenrechner** ist ein kleines elektronisches Gerät, das dir beim Rechnen hilft.

die Tasse

Eine **Tasse** ist ein Trinkgefäß mit Henkel.

taub

Taube Menschen können nichts hören. Viele verständigen sich mit der Zeichensprache und lernen gesprochene Worte von den Lippen abzulesen.

die Taube

Eine **Taube** ist ein Vogel mit gurrender Stimme. Brieftauben können Nachrichten überbringen und finden immer wieder nach Hause zurück.

tauchen

Wenn du **tauchst,** bist du unter Wasser. Du musst die Luft anhalten oder ein Sauerstoffgerät benutzen.

der Tausendfüßer

Tausendfüßer sind Insekten mit bis zu 300 Beinen. Eine Gruppe sind die Hundertfüßer – das Bild zeigt einen.

das Taxi

Ein **Taxi** ist ein Mietauto mit Fahrer. Du kannst dich damit von einem Ort zum anderen bringen lassen und zahlst je nach Länge der Fahrstrecke einen bestimmten Betrag.

der Tee

Tee ist ein aromatisches Getränk. Die Teeblätter werden mit Wasser aufgebrüht.

der Teich

Ein **Teich** ist ein kleiner See.

das Telefon

Ein **Telefon** ist ein Gerät, mit dem du über große Entfernungen mit anderen Menschen sprechen kannst.

der Teller

Ein **Teller** ist ein rundes, flaches Geschirr, von dem du Speisen isst.

das Tennis

Tennis ist eine Sportart, bei der sich zwei oder vier Spieler mit Schlägern über ein Netz einen Ball zuspielen.

der Teppich

Ein **Teppich** ist ein gewebter oder geknüpfter Fußbodenbelag oder Wandbehang.

teuer

Teuer ist das Gegenteil von billig. Wenn etwas teuer ist, muss man viel Geld dafür bezahlen.

das Theater

Ein **Theater** ist ein Gebäude, in dem das Publikum sich ein Schauspiel, eine Oper oder ein Ballett ansehen kann.

das Thermometer

Ein **Thermometer** ist ein Messgerät für Temperaturen. Es zeigt an, ob etwas kalt oder warm ist. Mit einem Fieberthermometer misst man die Körpertemperatur.

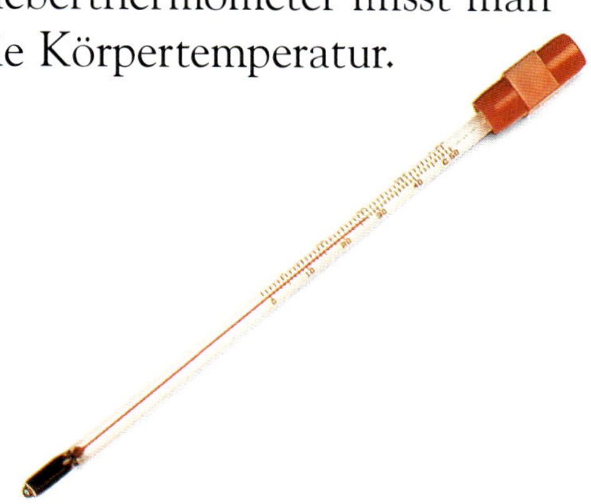

das Tier

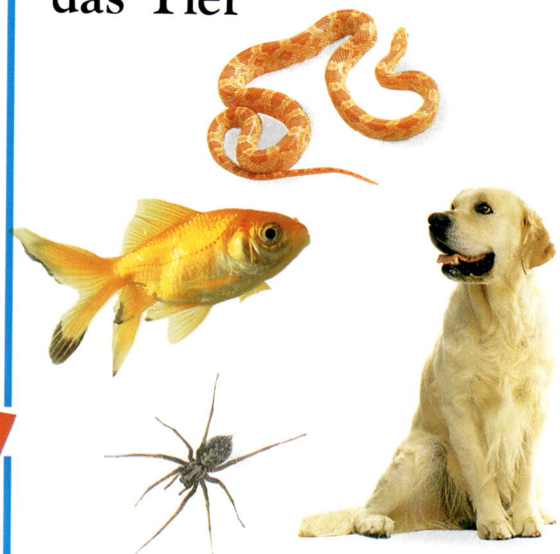

Tiere sind Lebewesen. Es gibt viele verschiedene Tierarten. Tiere fressen Pflanzen oder andere Tiere.

die Tierärztin

Tierärzte behandeln und operieren kranke oder verletzte Tiere, damit sie wieder gesund werden.

der Tiger

Tiger sind große Raubkatzen. Sie leben meist in den Wäldern Asiens. Ihr gestreiftes Fell ist eine gute Tarnung. Sie sind Einzelgänger. Viele Tigerarten sind vom Aussterben bedroht.

der Tintenfisch

Tintenfische leben im Meer. Sie haben eine weichen, runden Körper und acht lange Fangarme mit Saugnäpfen. Bei Gefahr verspritzen sie eine Art Tinte.

der Tisch

Ein **Tisch** ist ein Möbelstück mit einer Platte auf einem oder mehreren Beinen. Am Tisch kann man essen und arbeiten.

die Tischlerin

Tischler oder Schreiner sind Handwerker. Sie stellen Möbel, Fenster und Türen aus Holz her.

die Toilette

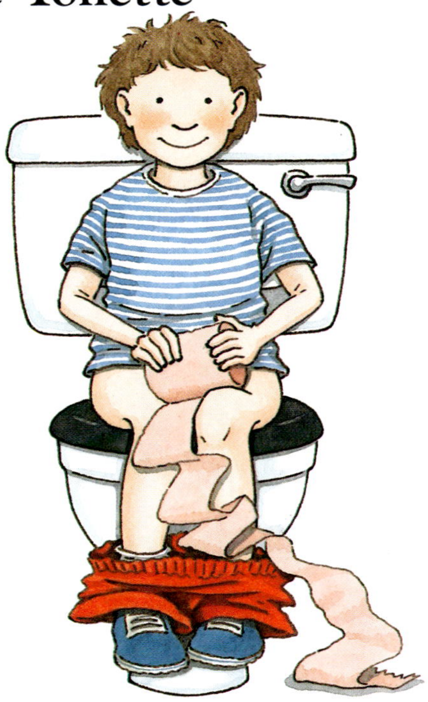

Wenn du dein kleines oder großes Geschäft erledigen musst, gehst du auf eine **Toilette**. Man nennt sie auch Klo. Die meisten Toiletten sind Sitztoiletten. Für Männer gibt es spezielle Pinkelbecken.

die Tomate

Die **Tomate** ist ein Gemüse und stammt ursprünglich aus Südamerika.

die Torte

Eine **Torte** ist ein großer, runder Kuchen aus mehreren Schichten mit viel Creme und Sahne.

der Tourist

Ein **Tourist** reist im Urlaub in fremde Städte oder Länder.

tragen

Wenn du etwas **trägst,** hebst du es auf und bringst es an einen anderen Ort. Jeden Morgen trägst du deine Schultasche in die Schule.

der Traktor

Ein **Traktor** ist eine Zugmaschine, mit der der Bauer seine Arbeiten verrichtet.

die Traube

Eine **Traube** besteht aus vielen kleinen Beeren. Die Früchte des Weinstocks wachsen in Trauben.

traurig

Traurig ist das Gegenteil von fröhlich.

treten

Wenn du **trittst,** stößt du heftig mit dem Fuß gegen etwas. Das Mädchen tritt nach dem Ball.

die Trillerpfeife

Eine **Trillerpfeife** ist ein Signalgerät. Sie macht einen schrillen Ton, wenn man hineinbläst.

trinken

Wenn du **trinkst,** schluckst du Flüssigkeit hinunter, zum Beispiel Saft.

die Trommel

Eine **Trommel** ist ein Musikinstrument. Mit den Trommelstöcken wird der Takt geschlagen.

die Trompete

Eine **Trompete** ist ein Musikinstrument aus Metall. Wenn man hineinbläst und die Ventile bedient, entstehen Töne.

der Truthahn

Der **Truthahn** ist ein großer Hühnervogel und wird als Haustier gehalten. Der männliche Truthahn heißt Puter, der weibliche Pute.

das T-Shirt

Das **T-Shirt** war ursprünglich ein Männerunterhemd aus Baumwolle. Heute wird es als leichte Oberbekleidung getragen und ist meistens bunt.

die Tulpe

Eine **Tulpe** ist eine becherförmige Frühlingsblume. Es gibt sie in vielen Farben und sie wächst aus einer Zwiebel.

der Tunnel

Ein **Tunnel** ist ein unterirdischer Gang. Im Gebirge führen viele Straßen und Eisenbahnschienen durch Tunnel.

die Tür

Eine **Tür** ist der Eingang zu einem Haus oder einem Zimmer. Sie lässt sich öffnen und schließen.

die Türklinke

Mit **Türklinken** öffnet und schließt man Türen.

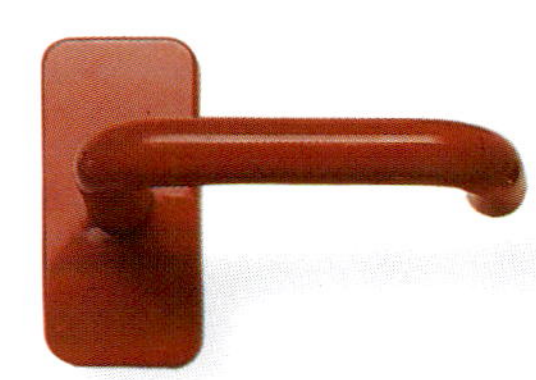

turnen

Wenn du **turnst,** kräftigt das deinen Körper und macht dich gelenkiger. Dieser Junge macht Liegestütze.

der Turnschuh

Turnschuhe sind besonders leichte Schuhe aus Leder oder Stoff mit einer biegsamen Gummisohle.

U

Uu *Uu* Uu *Uu*

über

Ein Ding ist **über** einem anderen, wenn es höher als das andere ist. Diese Störche fliegen über den Bäumen.

das U-Boot

Ein **U-Boot** (= Unterseeboot) ist ein Wasserfahrzeug. Es kann tauchen und unter Wasser fahren.

das Ufer

Ein **Ufer** ist der Rand eines Gewässers. Bäche, Flüsse, Seen und Meere haben Ufer.

die Uhr

Eine **Uhr** ist ein Messgerät für die Zeit. Sie zeigt an, wie spät es ist. Es gibt kleine Uhren wie Armbanduhren und große wie Kirchturmuhren.

der Unfall

Bei einem **Unfall** werden Menschen verletzt oder Sachen beschädigt. Bei einem Verkehrsunfall entsteht oft Personen- oder Sachschaden.

das Ungeheuer

Ein **Ungeheuer** ist ein Monster aus dem Märchen und sieht zum Fürchten aus.

die Universität

Eine **Universität** ist eine Hochschule, an der man nach dem Abitur verschiedene Wissenschaften studieren kann.

unten

Unten ist das Gegenteil von oben. Das linke Mädchen sitzt unten auf der Rutsche.

unter

Die Spielfigur steht **unter** den Bauklötzen. Sie hat etwas über sich.

die Unterwäsche

Unterwäsche trägt man direkt am Körper, unter den anderen Kleidungsstücken.

V

Vv *Vv* Vv Vv

die Vase

Eine **Vase** ist ein Gefäß für Blumensträuße.

der Verband

Mit einem **Verband** schützt man eine offene Wunde vor Schmutz oder stellt ein verletztes Gelenk ruhig.

das Vergrößerungsglas

Ein **Vergrößerungsglas** ist eine geschliffene Glasscheibe. Alles, was man dadurch ansieht, wirkt größer, als es ist.

verkaufen

Wer etwas **verkauft,** gibt es einem anderen und erhält Geld dafür.

der Verkehr

Verkehr entsteht, wenn Menschen und Dinge in Fahrzeugen befördert werden.

verkleiden

Wenn du dich **verkleidest,** dann veränderst du dein Aussehen durch Kleidung und Zubehör.

verschieden

Wenn zwei Dinge **verschieden** sind, dann sieht das eine anders aus als das andere.

verschütten

Wenn du etwas **verschüttest,** gießt du aus Versehen eine Flüssigkeit aus einem Gefäß aus.

verstecken

Wenn du dich **versteckst,** soll dich niemand sehen. Dieses Mädchen versteckt sich hinter der Staffelei.

die Videokassette

Auf einer **Videokassette** sind Filme gespeichert. Mit einem Videorekorder kann man Videokassetten abspielen.

vier

Vier heißt die Zahl nach der Drei und vor der Fünf.

das Viertel

Ein **Viertel** ist einer von vier gleich großen Teilen.
Vier Viertel bilden ein Ganzes.

der Vogel

Vögel sind Tiere mit Federn, zwei Flügeln und einem Schnabel. Sie legen Eier. Die meisten Vögel können fliegen.

voll

Voll ist das Gegenteil von leer.
Das rechte Glas ist leer.

der Vorhang

Ein **Vorhang** besteht aus Stoff und hängt meistens am Fenster. Wenn man sich vor der Sonne oder den Blicken fremder Leute schützen will, zieht man ihn zu.

vorn

Vorn ist das Gegenteil von hinten. Viele Dinge haben eine Vorderseite und eine Rückseite wie diese Puppe.

der Vulkan

Ein **Vulkan** ist eine Öffnung in der Erdkruste, aus der bei einem Vulkanausbruch Lava, Gas und Asche geschleudert werden. Viele Vulkane sind steile Berge.

W

Ww*Ww*WwWw

die Waage

Eine **Waage** ist ein Gerät, mit dem man das Gewicht feststellen kann. Dann weiß man, wie viel ein Mensch oder eine Sache wiegt.

wachsen

Wenn etwas **wächst,** wird es größer und schwerer.
Bei richtiger Nahrung wachsen alle Lebewesen so lange, bis sie ausgewachsen sind.
Diese Pflanze bekommt immer mehr und längere Triebe.

wählen

Wenn du zwischen mehreren Sachen **wählen** kannst, suchst du dir eines von ihnen aus.

der Wal

Wale sind die größten Säugetiere der Welt und leben im Meer. Sie müssen zum Atmen immer wieder auftauchen.
Der Blauwal wird über 30 Meter lang und bis zu 190 Tonnen schwer.

der Wald

Wälder wachsen überall auf der Erde, wo es nicht zu heiß, zu kalt oder zu trocken ist. Viele Wälder sind heute durch verschmutzte Luft und Rodung gefährdet.

das Walross

Walrosse sind große Meeressäugetiere und gehören zu den Robben. Sie leben in den nördlichen Meeren und haben zwei lange, gebogene Stoßzähne.

waschen

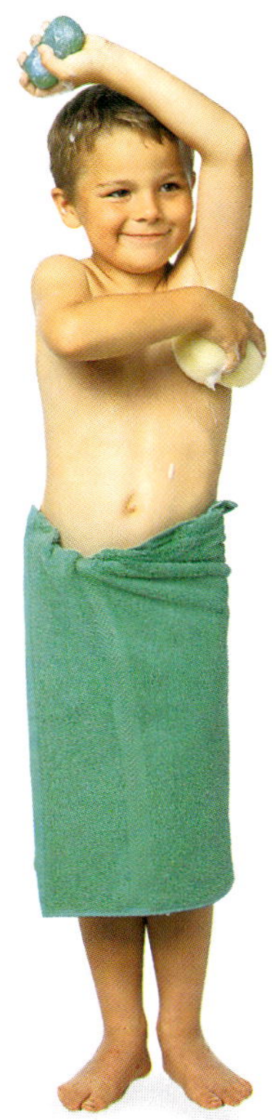

Wenn du dich **wäschst,** reinigst du deinen Körper mit Wasser und Seife.

das Wasser

Wasser ist die wichtigste Flüssigkeit auf der Erde. Ohne Wasser kann kein Lebewesen existieren. Viele Flüsse, Seen und Meere sind heute durch die Schuld der Menschen verschmutzt.

der Wasserfall

Wenn ein Fluss oder ein Strom einen hohen Felsen hinunterstürzt, entsteht ein **Wasserfall.**

die Wassermelone

Eine **Wassermelone** ist eine große Kürbisfrucht mit saftigem Fruchtfleisch. Sie schmeckt süß und erfrischt. Es gibt auch Honig- und Zuckermelonen.

der Weg

Ein **Weg** ist ein breiter Pfad, der durch die Landschaft führt. Wenn man immer an der gleichen Stelle über eine Wiese geht, entsteht ein Weg.

der Wein

Wein ist ein alkoholisches Getränk. An den Weinstöcken in den Weinbergen wachsen Weintrauben. Aus ihnen wird der Wein gekeltert.

weinen

Du **weinst,** wenn du traurig bist oder wenn dir etwas weh tut. Dann laufen dir Tränen übers Gesicht.

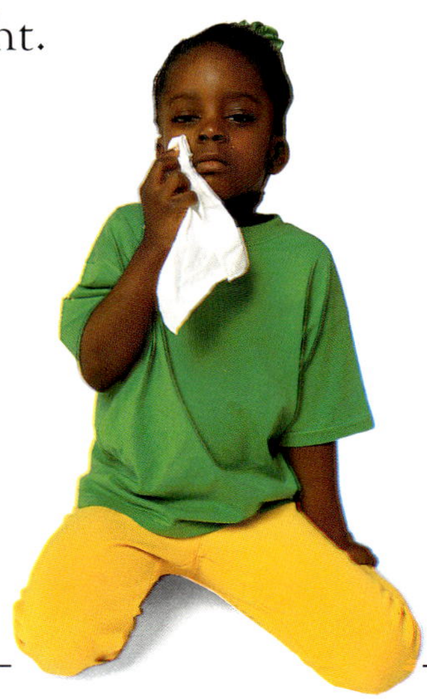

weiß

Weiß ist eine Farbe und das Gegenteil von Schwarz. Schnee und Salz sind weiß.

weit

Weit ist das Gegenteil von eng. Die Klötze stehen weit auseinander.

der Wellensittich

Wellensittiche sind kleine Papageien und leben wild in Australien. Sie sind sehr beliebte Käfigvögel und können manchmal Wörter nachsprechen.

die Welt

Unsere **Welt** ist die Erde, auf der wir leben.

das Werkzeug

Ein **Werkzeug** ist ein Gerät, mit dem man verschiedene Materialien bearbeiten und Gegenstände herstellen oder reparieren kann. Hammer und Säge sind Werkzeuge.

der Wind

Wind ist ein starker Luftstrom. Er treibt die Wolken und wird zur Energiegewinnung genutzt.

die Windmühle

Eine **Windmühle** ist ein Turm mit vier Flügeln, die vom Wind gedreht werden. Dadurch wurden früher die Mühlsteine angetrieben, die Getreide zu Mehl mahlten.

winken

Wenn du **winkst,** bewegst du deine Hand, um jemanden zu begrüßen oder zu verabschieden.

der Winterschlaf

Viele Tiere überwintern, indem sie in der kalten Jahreszeit einen **Winterschlaf** halten, wie zum Beispiel Haselmäuse und Eichhörnchen.

die Wippe

Eine **Wippe** ist ein Spielgerät für zwei Kinder. Sie sitzen sich auf einem langen Balken gegenüber und wippen abwechselnd auf und nieder.

der Wirbelsturm

Ein **Wirbelsturm** ist ein sehr starker Sturm, der sich immer im Kreis dreht. Wirbelstürme können Bäume ausreißen und Häuser zum Einsturz bringen.

die Wissenschaftlerin

Wissenschaftler forschen und machen Versuche in einem von vielen Wissensbereichen, zum Beispiel in der Medizin.

die Woche

Eine **Woche** dauert sieben Tage. Ein Jahr hat 52 Wochen.

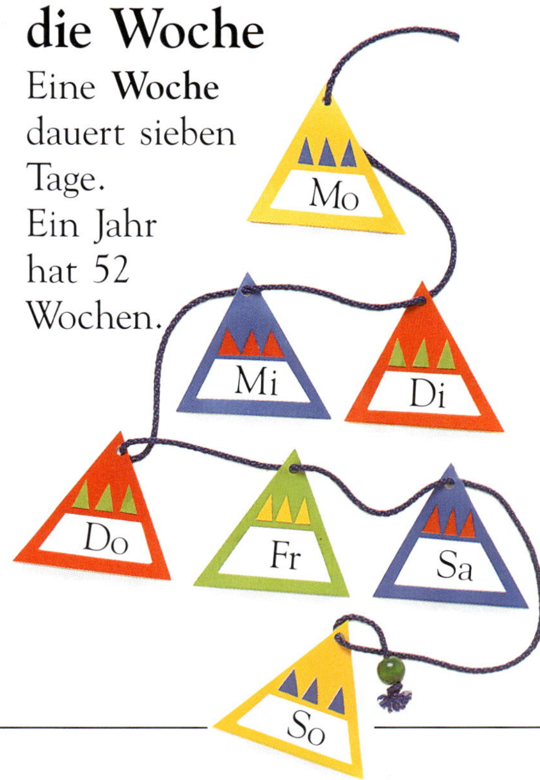

der Wolf

Der **Wolf** ist der Stammvater des Haushundes. Wölfe leben in Familien zusammen und jagen gemeinsam.

die Wolke

Wolken am Himmel bestehen aus winzigen Wassertröpfchen und Eiskristallen. Wenn sie zu schwer werden, gibt es Regen, Schnee oder Hagel. Wolken sehen unterschiedlich aus und kündigen gutes oder schlechtes Wetter an.

der Wolkenkratzer

Sehr hohe Hochhäuser werden auch **Wolkenkratzer** genannt. Sie ragen so hoch in den Himmel, als ob sie die Wolken berühren könnten.

die Wolle

Wolle ist ein Material, das Schafe und andere Tiere liefern, wenn sie geschoren werden. Aus den Wollfasern wird ein Faden gesponnen und dann verwebt oder verstrickt.

das Wort

Ein **Wort** ist eine Buchstabenkette. Für die gleiche Sache hat jede Sprache ein anderes Wort.

das Wörterbuch

Ein **Wörterbuch** ist ein meist alphabetisch geordnetes Wörterverzeichnis. Darin werden Wörter erklärt oder in eine andere Sprache übersetzt.

das Wrack

Ein **Wrack** ist ein verunglücktes Schiff, das beschädigt oder gesunken ist. Auf dem Meeresboden liegen viele Wracks.

wünschen

Wenn du dir etwas **wünschst,** möchtest du es gern haben. Vor deinem Geburtstag schreibst du einen Wunschzettel.

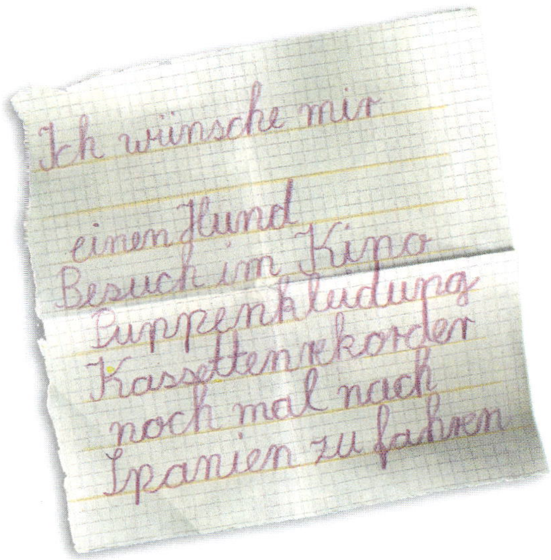

der Würfel

Ein **Würfel** ist ein Körper mit sechs quadratischen Seiten. Bei vielen Brettspielen braucht man einen oder mehrere Würfel.

die Wurst

Wurst ist ein Nahrungsmittel und wird meist aus Schweinefleisch hergestellt. Die zerkleinerten Zutaten werden in Darmhäute gefüllt und manchmal getrocknet oder geräuchert.

die Wurzel

Eine **Wurzel** ist der Teil einer Pflanze, der unter der Erde wächst und ihr Halt gibt. Durch die Wurzel nimmt die Pflanze Wasser auf und die Nährstoffe, die sie zum Wachsen braucht.

die Wüste

Eine **Wüste** ist eine heiße, trockene Sand- und Felsenlandschaft mit wenig oder gar keinem Pflanzenbewuchs.

wütend

Wenn sich jemand über etwas sehr ärgert, ist er **wütend.**

X

Xx *Xx* Xx Xx

das Xylofon

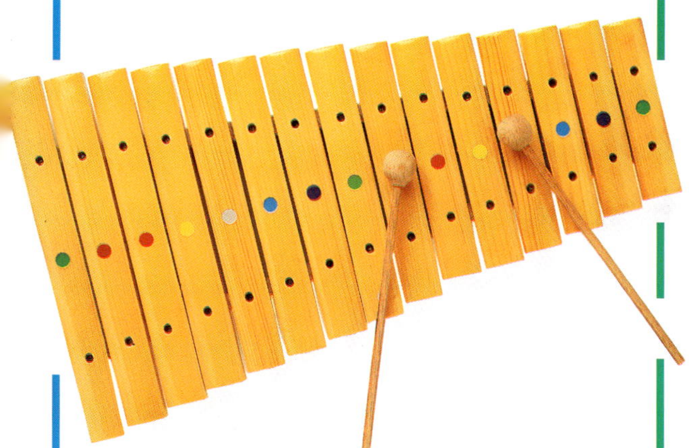

Ein **Xylofon** ist ein Musikinstrument mit losen Plättchen aus Holz auf einer weichen Unterlage. Wenn sie mit Hämmerchen angeschlagen werden, entstehen glockenähnliche Töne. Der Ton ist umso tiefer, je länger das betreffende Plättchen ist. Metallröhren unter den Holzstäbchen verstärken den Ton.

Y

Yy *Yy* Yy Yy

Z

Zz *Zz* Zz Zz

die Zahl

Eine **Zahl** ist ein Zeichen für eine bestimmte Anzahl von Dingen oder Personen. Unser Zahlensystem benutzt arabische Ziffern.

zählen

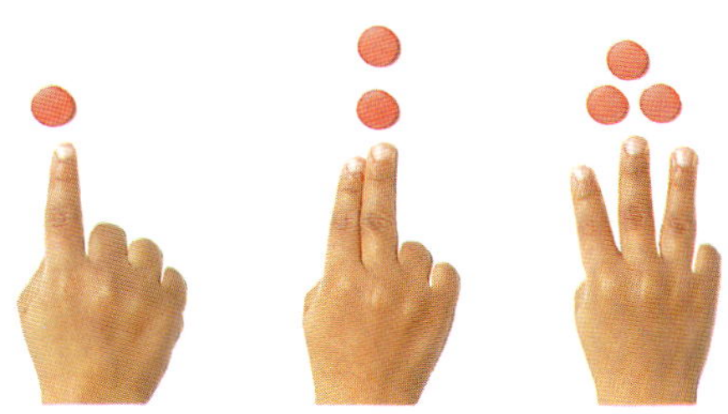

Wenn du **zählst,** sagst du die Zahlen in der richtigen Reihenfolge auf.

der Zahn

Zähne sind weiß und hart. Du brauchst sie zum Abbeißen und zum Kauen. Damit die Zähne gesund bleiben, musst du sie regelmäßig putzen.

der Zahnarzt

Ein **Zahnarzt** hilft bei Zahnschmerzen. Er zeigt dir auch, wie du die Zähne pflegen sollst.

die Zahnbürste

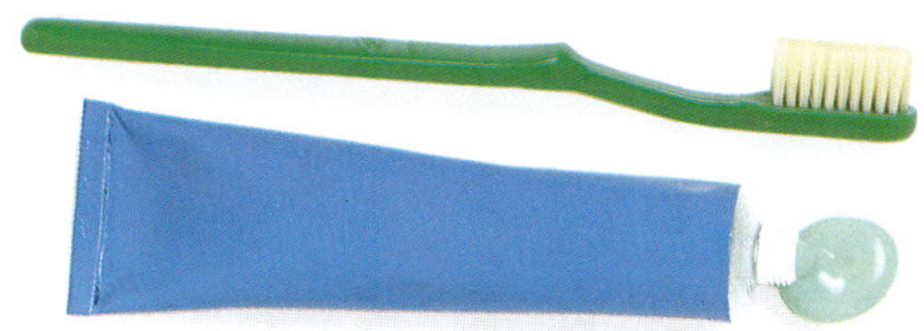

Eine **Zahnbürste** ist eine kleine Bürste an einem langen Griff. Man bestreicht sie mit Zahnpasta und putzt sich damit die Zähne.

die Zange

Eine **Zange** ist ein Werkzeug aus Metall zum Greifen, Halten, Biegen und Schneiden.

der Zauberer

Ein **Zauberer** ist eine Figur aus dem Märchen. Es gibt gute und böse Zauberer. Im Zirkus treten Zauberkünstler auf, die viele Zaubertricks beherrschen.

zaubern

Wenn du **zauberst,** führst du Zauberkunststücke vor. Mit einem Zauberkunststück oder Zaubertrick kannst du die Leute überraschen, aber du musst lange üben, bis du den Trick beherrschst. Dieser Junge schüttelt aus einer winzigen Schachtel viele Blumen.

der Zaun

Ein **Zaun** ist eine niedrige Wand aus Holz oder Draht. Er verläuft um ein Grundstück.

das Zebra

Zebras sind Huftiere und leben in Afrika. Sie sind mit den Pferden verwandt.

der Zebrastreifen

Ein **Zebrastreifen** ist ein schwarzweiß markierter Fußgängerweg über eine Straße.

die Zehe

Zehen sind der vorderste Teil des Fußes.

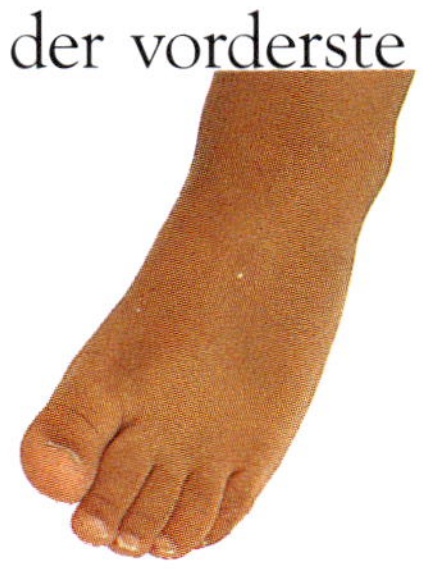

zehn

Die **Zehn** ist die Zahl nach der Neun und vor der Elf.

zeichnen

Wenn du **zeichnest,** dann benutzt du einen Stift und keine Farben aus dem Malkasten für ein Bild.

die Zeit

Zeit ist eine Maßeinheit. Man misst Zeit zum Beispiel in Stunden, Minuten und Sekunden.

die Zeitschrift

Eine **Zeitschrift** ist ein illustriertes Heft, das regelmäßig erscheint.

die Zeitung

Eine **Zeitung** besteht aus großen, losen Papierseiten. Aus den Tageszeitungen erfährt man täglich die Neuigkeiten.

zelten

Viele Urlauber **zelten** in den Ferien. Sie wohnen in einem Zelt auf dem Campingplatz. Ein Zelt ist ein Haus aus festem Stoff, das zusammengelegt und in einem Sack aufbewahrt wird.

zerbrechen

Wenn etwas **zerbricht,** dann geht es kaputt. Sprödes Material, wie zum Beispiel Porzellan, zerbricht, wenn es zu Boden fällt.

zerquetschen

Wenn du etwas **zerquetschst,** dann drückst du so fest zu, dass es seine Form verliert. Diese Tomate ist nicht mehr rund.

zerreißen

Beim **Zerreißen** zerteilst du ein Stück in kleine Fetzen.

die Ziege

Ziegen sind Haustiere. Aus ihrer Milch wird Käse hergestellt. Die männliche Ziege heißt Ziegenbock und die junge Ziege ist ein Zicklein.

der Ziegelstein

Ein **Ziegelstein** ist ein Mauerstein aus gebranntem Lehm. Damit werden Häuser gebaut.

ziehen

Wenn du etwas **ziehst,** fasst du es an und bewegst es zu dir hin.

das Ziel

Ein **Ziel** ist im Gegensatz zum Start der Endpunkt eines Wettrennens. Dieser Junge hat das Ziel erreicht.

das Zimmer

Ein **Zimmer** ist ein Teil einer Wohnung. Es hat eine Decke, einen Fußboden, Wände, Fenster und eine Tür.

der Zirkus

Ein **Zirkus** ist ein Zelt mit einer Manege, in der erstaunliche Reitkünste, Tierdressuren und Darbietungen von Clowns vorgeführt werden. Akrobaten tanzen auf dem Hochseil und zeigen am Trapez atemberaubende Übungen.

die Zitrone

Die **Zitrone** ist eine Zitrusfrucht, die sauer schmeckt.

der Zoo

Ein **Zoo** ist ein Gelände, wo exotische und heimische Tiere gehalten werden, damit das Publikum sie anschauen kann.

der Zucker

Zucker wird aus Zuckerrüben oder Zuckerrohr gewonnen. Man süßt damit Speisen.

die Zunge

Die **Zunge** ist der weiche, bewegliche Muskel im Mund. Du brauchst sie zum Kauen und Sprechen und kannst damit lecken und schmecken.

zwei

Die **Zwei** ist die Zahl nach der Eins und vor der Drei.

der Zweig

Ein **Zweig** ist ein dünner Ast an einem Baum oder Busch. Daran wachsen die Blätter.

die Zwiebel

Die **Zwiebel** ist eine Gemüsepflanze, die aus vielen dicken Blättern besteht. Wenn du sie schneidest, tränen dir die Augen.

die Zwillinge

Zwillinge sind zwei Kinder, die dieselben Eltern haben und zur gleichen Zeit geboren wurden.

zwischen

Wenn du dich **zwischen** zwei Sachen befindest, bist du in der Mitte.

Spiele und Rätsel mit Wörtern

Im Spieleteil findest du einige Rätsel und Spiele, bei denen du dein Lexikon gut gebrauchen kannst. Es hilft dir beim Suchen und Buchstabieren, denn alle Lösungen und Spielhinweise sind irgendwo im Lexikon versteckt. Durch die Bilder lassen sich die Wörter leicht finden.
Jedes Rätsel beginnt mit einem Beispiel. Nach diesem Muster kannst du dann allein weitermachen. Schreibe deine Antworten auf einen Zettel und nicht ins Buch! Mit den meisten Spielen und Rätseln kannst du dir allein die Zeit vertreiben, bei manchen brauchst du einen oder mehrere Mitspieler. Zu manchen Spielen kannst du dir selbst eine Fortsetzung ausdenken.
Viel Spaß!

Tieralphabet

Diese Tiere sollten alphabetisch geordnet sein, aber bis jetzt sind sie nur ein bunt gemischter Haufen. Schau dir das Alphabet oben auf dieser Seite an und bringe die Tiere in die richtige Reihenfolge.

Ameise

Schimpanse

Elefant

Dinosaurier

Wolf

Tiger

Geier

Flusspferd

Zebra

Kaninchen

Maus

Pelikan

Wortdetektiv

Finde die richtigen Antworten auf die folgenden Fragen. Wie in einem Krimi werden dir Hinweise dabei helfen.

- Wie nennt man jemanden, der be: anderen Leuten einbricht um etwas zu stehlen?
Das Wort beginnt mit dem Buchstaben E.

Einbrecher

- Wie nennt man eine Ansammlung von kostbarem Geschmeide, Gold und Silber, Münzen und Edelsteinen?
Schau auf Seite 71, was dort funkelt.

- Wohinter versteckst du dein Gesicht, wenn du dich verkleidest?
Suche das verborgene Gesicht unter M.

- Wie heißt eine Person, die dafür sorgt, dass die Gesetze befolgt werden?
Suche einen Beruf mit dem Anfangsbuchstaben P.

- Was benutzt ein Detektiv, um die Spuren eines Einbrechers genauer zu untersuchen?
Sieh nach auf Seite 89.

Buchstabensuche

Dieses Spiel kannst du allein oder zu zweit spielen.

1. Denk dir einen Buchstaben aus dem Alphabet.
2. Klappe dein Lexikon zu und versuche dann es genau bei diesem Buchstaben wieder aufzuschlagen.

Wenn du die richtige Seite gefunden hast, bekommst du zwei Punkte, bis drei Seiten davor oder dahinter bekommst du einen Punkt.

Wie gut ist dein Gedächtnis?

Schau dir eine Minute lang die Gegenstände auf dieser Seite an. Klappe dann das Lexikon zu und überlege, an wie viele Dinge du dich erinnern kannst.
Schreibe die Wörter auf und sortiere sie dann in alphabetischer Reihenfolge.

Einer muss weg!

Hier siehst du jeweils drei Bilder. Bei genauem Hinschauen wirst du entdecken, dass eine der Abbildungen nicht zu den beiden anderen passt. Die Erklärungen im Lexikon helfen dir bei der Suche.

Schlange **Käfer** **Hummel**

Die Schlange muss weg – sie ist kein Insekt.

Krone **Handschuh** **Hut**

Traube **Birne** **Möhre**

Trompete **Blockflöte** **Geige**

Finde das richtige Wort!

Schlage das Wörterverzeichnis am Ende des Buches auf und suche mit seiner Hilfe die Antworten auf folgende Fragen.
(Du musst bei dem fett gedruckten Wort nachschauen um die richtige Seite zu finden.)

- Was tust du in einem **Kino?**
In einem Kino siehst du dir einen Film an.

- Was macht ein **Blindenhund?**
- Was ist ein **Hengst?**
- Was bedeutet **Inuit?**
- Gibt es ein anderes Wort für **Regenwald?**
- Der **Mars** ist ein Planet. Kennst du noch andere Planeten?

Teekesselraten

Manche Wörter sehen gleich aus, obwohl sie ganz verschiedene Bedeutungen haben. Solche Wortpaare brauchst du zu diesem Spiel. Am besten kann man Teekesselraten in einer Gruppe spielen. Zwei Spieler einigen sich heimlich auf ein Wortpaar und jeder beschreibt dann seinen Gegenstand. Die anderen müssen raten.

Schloss
Mein Teekessel ist ein großes Gebäude.

Schloss
Mit meinem Teekessel kann man Türen verschließen.

Band	**Band**
Eis	**Eis**
Bank	**Bank**
Puppe	**Puppe**
Birne	**Birne**

Suche noch mehr Wortpaare mit unterschiedlichen Bedeutungen, aber gleichem Aussehen!

Kunterbuntes Tier-Durcheinander

Auf dieser Seite siehst du viele verschiedene Tiere. Beantworte die Fragen und finde heraus, welche Tiere zusammengehören.
Die Erklärungen im Lexikon helfen dir dabei.

Delfin

Welche Tiere leben im oder am Wasser?

Eule

Krebs

Welche Vögel können nicht fliegen?

Strauß

Leopard

Seestern

Schaf

Welche Vögel können schwimmen?

Pinguin

Eisbär

Drei Katzen sind hier abgebildet. Kennst du sie?

Katze

Hund

Löwe

Otter

Gans

Krokodil

Welche Tiere leben, wo es kalt ist?

Buchstabier-Rätsel

Sicherlich kennst du die Bezeichnungen für die Bilder. Aber kannst du die Wörter auch buchstabieren? Versuch es mal und schau dann im Lexikon nach, wie viele du richtig geschrieben hast.

Sportlerin

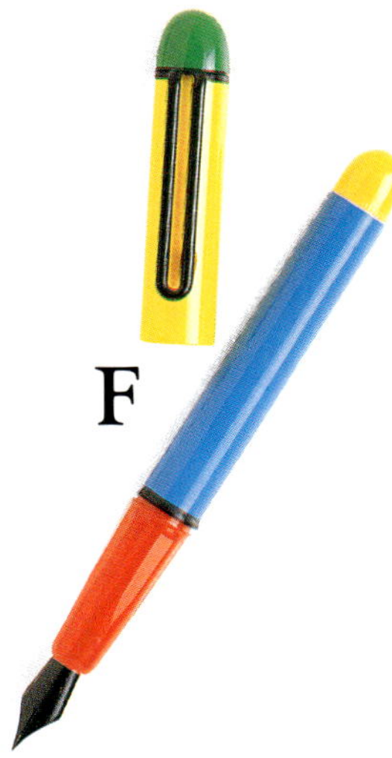

F

B

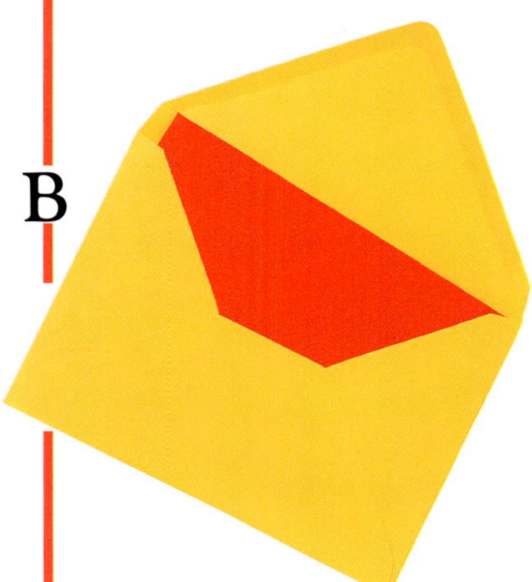

B

S

T

P

N

Ich sehe was, was du nicht siehst ...

Für dieses Spiel brauchst du einen oder mehrere Mitspieler.

Eine Doppelseite des Lexikons wird aufgeschlagen und ein Spieler merkt sich ein Wort und das Bild dazu. Die anderen versuchen durch gezielte Fragen und den Gebrauch der Definitionen herauszufinden, um welchen Gegenstand es sich handelt. Es darf nur mit „ja“ oder „nein“ geantwortet werden, die Fragen müssen also zum Beispiel lauten: Ist es ein Kleidungsstück? Ist es ein Werkzeug? Ist es ein Tier? Wenn es ein Tier ist, hat es ein Fell?

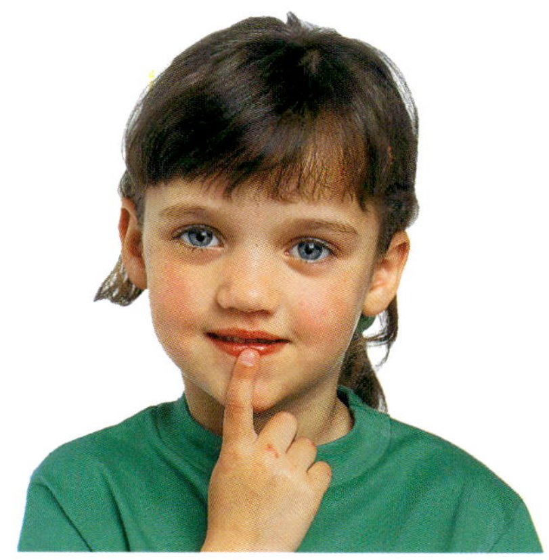

Superdichter

Auch dieses Spiel macht mehr Spaß, wenn mehrere Personen mitspielen.

Ein Spieler schlägt eine beliebige Seite des Lexikons auf. Dann muss sein rechter Nachbar eine lustige Geschichte erfinden, in der möglichst viele Wörter mit dem vorliegenden Buchstaben beginnen. Gleichzeitig muss er versuchen möglichst viele Begriffe der aufgeschlagenen Seite in seiner Geschichte unterzubringen. Wer es schafft, alle Begriffe der Seite in seiner Geschichte zu verwenden, ist ein Superdichter.

Beispiel: Der Gorilla ging mit Großmutter und Großvater spazieren. Das Gras war grau, aber die Gummibäume der Gegend grün, und der Goldhamster, der am Gürtel geführt wurde, fraß eine große Gurke. Da kam eine gelbe Grille geflogen, gab gewaltig Gas und stürzte sich ins Getümmel. Die Großeltern erschraken und beschlossen, garantiert nie wieder ins Grüne zu wandern.

Diese Wörter stehen auch in deinem Lexikon